きらめくチャンスをつかまえて！

理工系は女性の可能性を広げる

―理工系女性の
これまでの歩みと
将来に向けて―

小舘 香椎子
小舘 尚文

はじめに ― 理工系はあなたの可能性を広げる

「リケジョ」という言葉はすっかりみなさんにお馴染みになっているでしょう。

仕事の面でも、生活の面でも、輝いている「リケジョ」は、みなさんのまわりにもすでにいるかもしれません。きらめいている理工系女性たち「リケジョ」は、十人十色、その考え方も、技能も、生き方も多様です。

2015年8月の日本経済新聞に、同年3月に卒業した大学生を対象（回答者1,703人）に大学生活を通じて成長を実感したかどうかを尋ねたアンケート結果が掲載されました。自分が「成長した」と実感していると答えたのは、理工系女子で84.8%と最も高かったそうです（最も低かったのは文系男子で68.9%）。

本書では、なによりも「理工系は楽しい」そして「理工系に進むと習得できることが多く、生き方の選択肢の幅が広がる」ことをアピールしたいと思います。

日本は、これまで科学技術やものづくりを基盤として経済発展を遂げてきました。世界のあちらこちらで、車やカメラなどの日本製品を見かけることもあるでしょう。日本国内でも、各地に伝統工芸があり、そのクオリティの高さに息をのむこともあるでしょう。科学技術やものづくりは、単に経済的・物質的な豊かさだけ

ではなく、私たちの生活に根づき、社会的・精神的な価値とも密接に結びついているのです。

2016年までに日本は、25人（世界7位）のノーベル賞受賞者を輩出しています。このうち22人が自然科学系（物理学、化学、生理学・医学）3部門の受賞で、21世紀に入ってからの受賞者数は、日本はアメリカに次いで世界第2位を誇っています。

ノーベル賞を受賞した世界的な研究にかぎらず、多くの科学技術やものづくりが、人々に驚きや感激を与えるとともに、私たちの身近な生活を支え、豊かにしています。最近では、ビッグデータの利用などによる複雑な問題に対する解決策の提案、さらにはグローバルに楽しまれているアニメなどの映像娯楽を提供しています。

人口の減少や少子高齢化が急速に進む日本では、従来の国力を維持するために、改めて科学技術が果たす役割への期待が高まっています。2006年3月に政府が発表した第3期科学技術基本計画によれば、科学技術人材は、国際的な競争力の維持と強化のためだけではなく、安心・安全な環境の創生にも欠かせない存在とされています。ちょうど同じ頃、それまであまり重要視されてこなかった、女性や高齢者、外国人も含む多様な人材の能力活用がようやく謳われ始めました。こうして、女性の活躍促進のための措置が施されるようになり、比較的高額な予算もつぎ込まれることとなったのです。

これまで、家庭を通じて次世代を育てることが主要な役割とみ

なされてきた女性ですが、女性ならではのアイディアや能力をより直接社会にも反映させていくことで、家族や生きがいといった生活空間にかかわることだけではなく、地域、国、そして、国際社会が取り組まなくてはならない、より大きな課題の数々（たとえば、安全、平和、環境、福祉など）を少しずつでもよい方向に向かわせたい、と期待されているのだと思います。

　日本では、専門性を持ち働く女性や理工系に進む女性の割合は、世界的に見てもまだまだ少ない状況です。その理由、そしてどうしていま、理工系女性へのサポートが日本で盛んになっているのかについて、本書では、歴史や他国との比較を通じて考えてみたいと思います。

　日本における理・工・農学部に在籍する女子学部生数は、2016年3月時点で、109,4741人で、全体の20.3%（2015年の19.8%から0.5%の上昇）と、ようやく2割強になっています。また、分野別に見ると、農学部の女子学生の割合は44.5%なのに対して、理学部は27.0%、工学部では14.1%です（文部科学省、2016年12月）。

　20年前はどうだったのでしょう。理学・農学・工学の3つの学部に在籍する女子学生数は、1995年当時、64,538人（全体の割合は11%）でした。その後、少子化の影響もあり、総学生数が減少し、さらに、理・工・農学部系を専攻する学生数全体も1999年度をピークに減少が見られます。そのような中、女子

学生の進学者数が 37,000 人近くも増加したということは、ここ 20 年の間に「リケジョ」への理解や志向が進んできたと考えることもできるでしょう。

ただ、大学に入学する時点で、自然科学分野を選択する女子学生の割合が依然として少ないということは、その後、この分野で研究を引っ張る女性リーダーが少なくなるということだけではなく、製造業、ベンチャービジネス、政策立案など理工系分野の専門知識が活かされ得るさまざまな分野で活躍する女性も少なくなってしまうという危惧や指摘に結びつきます。

そんな懸念を払拭すべく、大学を含む教育界、学会、産業界、さらに政府と、理工系女性の支援体制を築く努力に国を挙げて取り組んでいます。

官僚や法曹界、医師の世界と比べると、理工系女性の支援体制はまだまだその効果が表れているとは言えませんが、専門性を持って社会で活躍する理工系女性は、確実に増えてきています。理工系に進み、自分が社会に貢献できることに喜びを見出しながら、輝いている女性が多いことをもっと広く社会の人に知ってもらいたい、とくに、中高生はじめ読者のみなさんに将来の進路を選ぶための参考にしてもらいたい、それが、本書を書こうと思ったきっかけです。

本書では、現在進行する社会の変化を意識しながら、女性が「キャリア」を形成、維持し、継続していく上で、理工系の知識やスキルを

身につけることがどれほどプラスに働き、かつ長い人生設計という観点から見ても有効であるかについて紹介しています。日本では、理工系女性がまだ少ないため、なにかと女性であることばかりに焦点があてられたり、女性であることが不利であるかのように報道されたりすることが多いのも事実です。また、「見えない（ガラス）の天井」（組織内での女性の昇進を妨げる、目に見えない打ち破れない壁）など、万国共通の構造的問題が存在しないわけでもありません。こうした問題点や課題にも目を向けながら、それでも、女性が理工系をベースとするキャリアを選択することは、多くの場合、継続と輝きにつながるものであることを実例とともに紹介します。

なお、本書では、すでに多くの女性が専攻している看護学、薬学や、国家資格・キャリアとしてより確立されている医学系は対象とせず、数学、物理、化学、生物の基礎領域から、工学、情報通信といった応用分野までを含む自然科学系領域を理工系として扱いました。また、本文では敬称を省略しました。

お子さんが自然現象やものづくりなどに関心を示していて、理工系に進ませたいけれど、一体どんな世界で、どんなキャリアがあるのだろうか、と思われている保護者のみなさんや、理工系分野で人材育成に直接または間接的に関与される方々にも、なんらかのヒントや示唆を与えることができれば、ということも著者の願いです。

はじめに ── 理工系はあなたの可能性を広げる

　科学という世界の共通言語を身につけて、グローバルにも、ローカルにも生き生きと活躍できる人材として、多くのきらめく理工系女性が生まれ、羽ばたいていくことを祈念しています！

　本書は、2007年に刊行した『光できらめく理系女性たち－理想のワークライフバランスを目指して－』（オプトロニクス社）からほぼ10年を経て、理工系女性のいま、そして、これからを見つめるとともに、これまでの日本の女子教育や高等教育政策の歩みをデータとともに振り返りながら、男女共同参画の重要性を改めて捉え直す書籍として企画されたものです。

　本書の一部は、2015年に刊行した『Japanese Women in Science and Engineering: History and Policy Change』（Routledge社）にも収められていますが、国際比較のコラムやデータの更新も含めて、日本の読者向けにほぼ書き下ろしといってもよい形となりました。

　本書の出版にあたり、ご寄稿・ロールモデルの掲載にご協力くださった方々、本書の企画・出版にあたりお世話になったアドスリー出版社の横田節子社長、石井宏幸氏に深く感謝申し上げます。

　また、表紙の漫画およびロールモデルの似顔絵を描いていただいた理系漫画家はやのん氏、本編の図面作成にご尽力いただいた中山朋子氏に心から感謝いたします。

小舘 香椎子・小舘 尚文

本書のハイライト

理工系でよかった

　リケジョの先輩たちは、その8割程度が「理工系でよかった」と感じています。「就職に有利だった」「女性が少ないからこそ多くのチャンスがある」など、さまざまな理由が挙げられています。さらに「理工系の学問は面白く、奥深い」「仕事の選択肢が増える」といった理由を挙げ、8割近くの理工系卒業生が、「次世代に理工系を勧める」とアンケートに答えています。**序章**では、このアンケートと「理工系の楽しさ」について触れるとともに、女子高校での聞き取り調査からわかったこと、理工系出身であることのメリットや、リケジョとして働き続けることのメリット・デメリットについても紹介します。

女子教育と女性科学者の歴史

　第1章では、女子教育、女性科学者の歴史における重要な出来事や人物を紹介し、欧米の様子との比較も行います。第二次世界大戦後に日本の女子高等教育がどのような状況に置かれていたかを知ると、現在の状況を理解しやすくなるでしょう。

理工系人気は浸透・定着してきている

　数字で見ると、リケジョの割合はまだまだ少ないのですが、資格・実学志向が強まる中で、理工系進学を視野に入れる女子高校生も増えてきています。**第2章**では、今から30年前の男女雇用機会均等

法が施行された1986年以降、現在に至るまで、女性の働き方や学び方の変化を中心に、データを交えて提示します。海外比較の面では、欧米だけではなく、あまり知られていないアジアの現状についても触れます。

国も産業界も、学術界も、理工系人材育成を後押し

ほぼ100年という歴史のスパンで見ると、教育や職業における男女共同参画が大変ゆっくり、しかし着実に実現されてきています。とくに、理工系女性を育成しよう、働く女性をサポートしよう、と政府も、産業界も、学界も、と国を挙げて後押しが行われるようになったことは、日本社会に大きな変化があったことの表れです。**第3章**では、男女共同参画社会基本法が制定された1999年以降、いわゆる21世紀に入って、理工系女性をサポートする取り組みがいかにして生まれ、そのサポートにはどのようなものがあるのかについて述べます。

理工系女性は世界でも活躍できる、ワーク・ライフ・バランスも十分可能

理工系は、いわゆる「資格もの」としては捉えられていませんが、多様なキャリアパスがあり、また生活の中でもメリットを感じるという人がたくさんいます。ワーク・ライフ・バランスをとりながら、やりがいのある仕事を継続して行う上では女性に向いていると言えるかもしれません。**第4章**では、多彩な道を拓く理工系女性た

ちの具体例や、生の声を紹介します。

　海外留学したり、研究員として、専門的な経験の幅や視野を広げたり、というリケジョの先輩の視点も示します。理工系は、生涯賃金も高いといった報告も出されていますが、情報化社会、グローバル化が進展する中で、世界の共通言語として、数学や科学の基礎をしっかりと身につけた女性は、日本だけではなく、世界に羽ばたく機会も今後、どんどん広がっていくでしょう。理工系的素養や能力をもった人材の育成が求められていることは、OECDなど、国際機関の報告書でも指摘されています。

　ただ一方で、日本だけではなく、海外でも、中高生の子どもを持つ親たちは、将来のキャリアイメージについての情報が足りないと感じているようです。**第4章**では、キャリアイメージを膨らませるもととして、いま活躍しているロールモデルを24人紹介します。多様なキャリアパスがあることがわかると思います。

　また歴史的経緯も知ってもらうために、日本と諸外国の出来事をまとめた年表を付録としてつけました。理工系女性が、日本だけにとどまらず、グローバルに活躍する時代もすぐそこまできているのではないかと思います。読者の方に、世界を意識してもらうために、海外でのキャリア経験を持つ先達の声だけではなく、理工系女性をめぐる海外事情についても欧州・アジアを中心に情報を集め、コラムとして収録しました。

Index

はじめに―理工系はあなたの可能性を広げる・・・・・・・・・・・・・・・・・・・・・・・・・・・・・・・・・ 3
本書のハイライト・・・ 9
マンガで見る理工系女性の進路と仕事・・・・・・・・・・・・・・・・・・・・・・・・・・・・・・・・・・・ 12
序章　理工系でよかった・・・ 17
　理工系の4つの「楽しさ」・・ 18
　理工系でよかった―理工系女性の声：
　　　女子大学卒業生アンケート結果を中心に・・・・・・・・・・・・・・・・・・・・・・・・・・ 21
　日常生活で「理工系であることが役立った」と思うこと・・・・・・・・・・・・・・・ 28
　【コラム　名門女子高校では、理工系に追い風】・・・・・・・・・・・・・・・・・・・・・ 34

第1章　女子教育のあけぼのと理工系女性の先駆者たち ・・・・・・・・・・・・・ 41
　日本初の女子留学生、のちの女子教育に大きく貢献・・・・・・・・・・・・・・・・・・ 42
　女子留学生の1人、津田梅子の女子教育への志　・・・・・・・・・・・・・・・・・・・・・ 42
　相次ぐ女学校の設立と理工系教育事情・・・・・・・・・・・・・・・・・・・・・・・・・・・・・・・ 43
　明治の教育改革となかなか進まない女子の教育事情・・・・・・・・・・・・・・・・・・ 44
　日本で最初の女子大学の設立・・ 46
　戦前の女子への理科教育：日本女子大学の理学教育を例に・・・・・・・・・・・・ 47
　日本初の女子「大学生」：東北帝国大学に入学した3人の女子学生たち ・・・ 49
　物理分野の女性の先駆者、湯浅年子・・・・・・・・・・・・・・・・・・・・・・・・・・・・・・・・・ 52
　戦前のヨーロッパでの女子教育事情・・・・・・・・・・・・・・・・・・・・・・・・・・・・・・・・・ 54
　【コラム　戦前のイギリスと日本との女子教育におけるつながり】・・・・・・・・ 56
　ヨーロッパでの女子教育改革の広がり：アイルランドの状況から・・・・・・・・・ 57
　戦前のヨーロッパの女性の職業事情・・・・・・・・・・・・・・・・・・・・・・・・・・・・・・・・・ 59
　西洋におけるリケジョ・女性研究者の先駆者たち・・・・・・・・・・・・・・・・・・・・ 61

第2章　戦後からの女性を取り巻く教育・職業選択の変化 ・・・・・・・・・・・ 65
　女子に大学の門戸が開かれた：戦後からの女性を取り巻く状況の変化・・・・・・ 66
　戦後からの女子の進学事情の変遷・・・・・・・・・・・・・・・・・・・・・・・・・・・・・・・・・・・ 67
　【コラム　旧七帝大への女子の進学事情】・・・・・・・・・・・・・・・・・・・・・・・・・・・ 71
　戦後の女性の職業選択の変遷・・・・・・・・・・・・・・・・・・・・・・・・・・・・・・・・・・・・・・・ 72

【コラム　世界の天文学者集団に占める日本人女性の割合は？】………… 76
　日本の理工系女性は増えているのか？……………………………………… 78
　まだまだ少ない理工系女性：現状の打破へ………………………………… 83
　　【コラム　アジアの理工系女性事情をめぐる現状は？】………………… 84
　　【コラム　CoderDojo 発祥の地、アイルランドの女子高生や保護者たちは？】… 87

第3章　広がる理工系女性への支援：理工系女性が活躍できる日本へ ………… 95
　ひっぱりだこの理工系女性：女性の活躍推進に向けた、企業と国の取り組み…… 96
　次世代の理工系分野を担う人材を育てる取り組み………………………… 100
　女性研究者を支援する：「女性研究者支援モデル育成事業」などの取り組み　102
　　【コラム　イギリスにおける理工系女性支援のしくみ：WISE】………… 105
　　【コラム　イギリスでも工学系女性はまだまだ少ない？　最近の報告書から】110
　科学を牽引する女性を！：
　　日本学術会議の女性科学者リーダー育成への取り組み………………… 115
　　【コラム　北欧諸国（ノルウェー・スウェーデン）の理工系女性事情】…… 117
　さらに進められる女性研究者支援…………………………………………… 121
　　【コラム　女性研究者支援の輪を広げ、
　　　支えた学会（学術研究団体）における男女共同参画の推進】………… 123

第4章　多彩な道を拓く理工系女性たち ……………………………… 131
　多様化する理工系女性のキャリアパス……………………………………… 132
　理工系女性の声―高専の調査結果から―…………………………………… 147
　理工系女性の声―海外キャリア組―………………………………………… 152
　女性が求める企業像／企業が求める女性像………………………………… 159

おわりに　光のリレー：いまをつかんで、明日につなげて！……………… 177

付録　年表：日本・諸外国における女子高等教育・理工系女性をめぐる歴史… 183
付録　女性のみを対象とするおもな賞および研究助成……………………… 191

序章 理工系でよかった

序章　理工系でよかった

理工系の4つの「楽しさ」

　理工系分野には、魅力もたくさんあり、身につけられることも多くあるということに、いまでは多くの人が気づいているかもしれません。

　理工系の魅力とはなんでしょうか？　ここで簡単にまとめてみましょう。

```
                          自由度
                          【高】
                            ↑
                            │      個人プレー
ユニークな発見・応用が起業や       │   知識・技能を究めていくこともできる
生活向上、人類貢献につながる       │
                            │   好奇心を揺さぶるチャレンジ・発見が
                            │   ある
        「作る楽しさ」              「発見する楽しさ」

知識・技能を活かして政策を作ること      就職・転職に有利
ができる
     社会へのインパクト                個人にとってのメリット
←───────────────────────┼───────────────────────→
複雑な社会問題を解決する知識・技能    論理的思考から応用まで、社会に役立つ
                            │   幅広い基礎が修得できる

        「伝える楽しさ」              「共有する楽しさ」

研究開発やプロジェクトに            進展の早い情報化社会についていける
チームの一員として参加・貢献できる    同じ興味を持つ仲間ができる

後継者や次世代に好奇心や            世界の共通言語としての科学を
知識・技能を伝えることができる       理解でき、発信できる
                            │
                          共有度        チームプレー
                          【高】
                            ↓
```

図 0-1　理工系の4つの「楽しさ」

▶ 1.「発見する楽しさ」

　自然界や社会には、未知の事柄や知識、あったらとてもありがたいと思うような物事がたくさんあります。理工系では、研究・実験を通じて、これまでの考え方を覆したり、これまでにわかっていることをもとにしながら、さらなる発見を求めて探求したりしていくことが可能です。そこには、好奇心や探求心を揺さぶるチャレンジがありますし、形になっていくという興奮もあります。そして、目的を達成するまでには、自分の知識や技能が高まっていくことが実感として得られるでしょう。

▶ 2.「共有する楽しさ」

　この世にある、まだ解明されていないことを、仲間で共有しながら、解決策を探るという過程も、理工系の楽しみの1つでしょう。そして、恩師や仲間に出会いながら、実証実験やものづくりなどを進めていく過程でも、そこには人々と共有する楽しさがあります。1人で実験やプログラミング、計算などを行いながら楽しむということもできますし、それを異なる分野に広げたり、他の人と連携したりできるという楽しみもあります。
　これらは、私たち個人個人に還元される楽しさですが、社会へのインパクトという意味では、以下の2つの楽しさがあります。

▶ 3.「作る楽しさ」

発見や問題解決に向けて努力する楽しさが、形になった時、それは、作る楽しさとして社会にも直接還元されていくでしょう。ものを作るというだけではなく、社会の諸問題をビッグデータなどで可視化したり、問題解決の糸口として技術を提供したりすることもできます。さらに、ベンチャービジネスを立ち上げたり、政府に対する政策提言や立法にかかわる仕事に就いたり、といった可能性もあります。

▶ 4.「伝える楽しさ」

伝えるという、社会にとって大変大切な役割を担えるという楽しさもあります。たとえば、次世代の育成のため、小学校から大学まで、理科および自然科学系の先生や教員という仕事にも伝える楽しさがありますし、複雑化する情報・知識社会においては、自然現象などについてわかりやすく人々に伝えるサイエンスコミュニケーターやジャーナリストの役割はますます大きくなっていると言えるでしょう。

筆者の1人は、約40年間にわたって光エレクトロニクス（マイクロオプティクスと光情報処理）分野をおもなテーマとして研究・教育を行ってきました。研究室の運営にあたり、次のような6つの点を指針としていました。

①好奇心を誘うテーマ

②こまめに成果を発信

③チャレンジでモチベーション向上

④信頼に基づく縦と横のネットワーク

⑤ロールモデルに学ぶ

⑥風通しのよいオープンラボ

これらには、個人としてのチャレンジや学びもあれば、チームの一員として楽しみを共有しながら、コミュニケーション能力を高めていくという、先に挙げた4つの楽しみがすべて含まれています。筆者の研究室を巣立った卒業生たちの多くは、ワーク・ライフ・バランスをとりながら、継続してさまざまな職種で働いています[1]。

理工系でよかった
―理工系女性の声：女子大学卒業生アンケート結果を中心に

個人としての豊かさの追求だけではなく、社会への貢献、そして、自由度や共有度にも幅がある理工系の道という選択は、実際に選んだ人々が「理工系でよかった」と振り返っていることからもわかります。

理工系を学び、社会に出た卒業生を対象とするアンケート調査から、理工系を選択した女性たちの圧倒的多数が「理工系でよかった」

と感じているようです。そのおもな理由としては「論理的思考が身についた」「就職に有利」「人生の選択肢が広がる」といったことが挙げられました。子どもや次世代に与える影響も大きいようです。

筆者のグループは、東京女子大学の理工系専攻（1931年〜2010年3月）の卒業生全員（2,711人）を対象にしたアンケート調査を実施しました（調査期間：2011年1〜4月／回収率：28.7%［779人、有効回答率：27.5%］）[2]。

このアンケートのうち、いくつかの設問に対する答えをまとめて、2007年に日本女子大学で行われた理学部卒業生のアンケート（調査期間：2007年3〜5月／回答数367人）と比べてみます。

▶ 1. なぜ理工系に進んだのか？
　　──理工系選択に影響を与えた事柄（複数選択）[3]

各項目について見てみると、30代と60代以外の年代で1位となったのは「小中高の先生」（全体の4分の1）でした。続いて、「親や親戚」「小中高の授業や実験」です。このトップ3の順番は、やはり、日本女子大学におけるアンケートでもまったく同じ結果でした。

図0-2は、項目を大きく分類してグラフにしたものです。20代の「小中高の授業や実験」が極端に少ないのが目立っています。

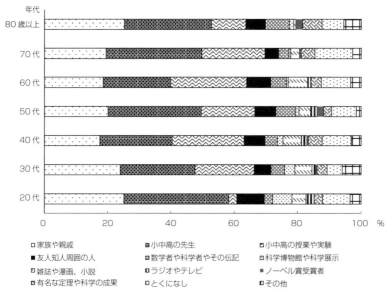

図 0-2　理工系選択に影響を与えたおもな事柄（年代別）（小舘ほか，2014年より）

▶ 2．いつ理工系に進もうと決めたのか？
　―理工系選択を決定した時期

　ほぼ6割の人が高等学校（または高等女学校）と答えています。これは、日本女子大学におけるアンケートでも類似の結果が見られました。さらに、選択した時期が中学校時代だったという答えが、2つのアンケートでは、ほぼ2～3割を示している点でも似通っていました。つまり、中学・高校時代に決定する人を合わせると、ともに9割弱が中等教育の間に理工系への進学を決めています。

　ただし、東京女子大学のアンケートでは、年代別に見ると、若い世代のほうが、小学校や中学校で理工系進学を決めたと答えた

人の割合が多いこともわかりました。49 歳以下と 50 歳以上の 2 グループに分けてカイ二乗（χ^2）検定を行った結果では、有意水準 1％で有意差が認められました。これは、言い換えると、年齢の低いほうのグループでは、中学卒業までに理工系進学を決定した割合が高い、ということになります。中学・高校の間に理工系進学を決めたというのは、日本の受験制度を考えれば当然の結果なのかもしれませんが、近年になり、決定が早まってきているかもしれないというのは面白い傾向です。

▶ 3．理工系を選択してよかったか？

実に 9 割以上の人が「非常によかった」もしくは「どちらかと言えばよかった」と回答しています（図 0-3）。このうち、6 割近くの人が「非常によかった」と答えたのに対して「どちらかと言えばよくなかった」「よくなかった」と答えたのは合計しても 40 人以下（回答した 754 人のうちの 5.4％）しかいませんでした。こうした、大変前向きな卒業生からの声は、日本女子大学のアンケートでもほぼ同じ結果でした。「理工系でよかった」と肯定的に捉えている人が 8 割で、当時、朝日新聞でも紹介されました[4]。

「理工系でよかった」理由は、なんだったのでしょうか？　全体として、一番多かった回答は「好きな分野だから」というものでした。続いて「論理的思考力がついた」「就職に有利だった」となっています。「仕事につながる」そして「理工系を選択したことによっ

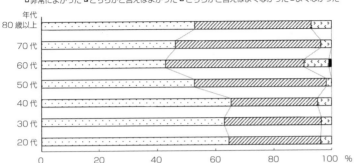

図0-3 理工系を選択してよかった（年代別）（小舘ほか，2014年より）

て得られた能力」がおもな理由ということです。その他「理工系は、すべての土台になっている」「理工系は女性にこそ必要な学問」といった意見もありました。一方で、否定的意見には「専門職に就かなければ役に立たない」「高校までは理工系（数学）が得意だったが大学に入って挫折した」などがありました。

▶ 4．自分の子どもや、次世代の女性に対して理工系を勧めるか？

子どもや教え子など、次世代の女性に対して理工系を勧めるかどうかも、このアンケートでは尋ねました。これに対して、約8割の人が勧めると回答しています（図0-4）。年代別に詳しく見ると「理工系を勧める」と答えたのは、30代で一番高く（87%）、50代、70代でも8割を超えていました。一番低かったのは80歳以上（65%）でした。理工系専攻に関しては、世代を超えた普遍的

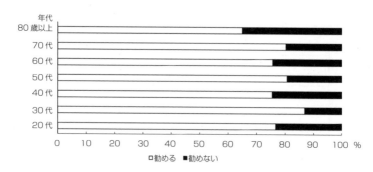

図 0-4　次世代の女性に理工系を勧めますか（年代別）（小舘ほか, 2014 年より）

支持があることがわかります。

　また、その理由としては、「相手に適性があれば」勧めたい、という個人の志向を重んじた「条件つき賛成」も多くありましたが、「論理的思考が養える」がどの世代でも多く、若い世代では、「女性が少ないため活躍の場がある」という意見がたくさんありました（図 0-5）。40 代、50 代の間では、「数学や理工系の学問は面白く、奥深い」「面白さや奥深さを次世代に伝えたい」という理由も見受けられます。そして 20 代や 40 代の間では、「就職／仕事に困らない、仕事の選択肢が増える」も人気のある回答だったことがわかります。

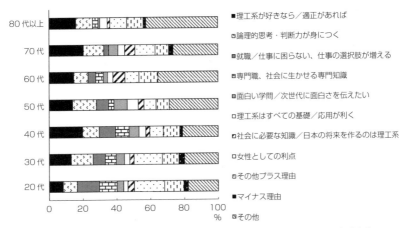

図 0-5　次世代の女性に理工系を勧める理由（年代別）（小舘ほか，2014年より）

▶ 5．家族や親戚の中に理工系学部・学科の出身者がいますか？

　まず、両親が理工系学科・学部の出身であるという卒業生を年代別に見た結果を表 0-1 に示します。80 歳以上の世代を除けば各世代で、約 4 割が少なくとも父母のどちらか一方が理工系出身であることがわかります。

　一方、母親が理工系学科・学部の出身であるという卒業生の割合を同様にして比べてみると、50 代より上の卒業生の間では、ほぼ

表 0-1　父母が理工系である割合（年代別）

	20代	30代	40代	50代	60代	70代	80以上	合計
両親が理工系	12%	2%	8%	3%	4%	1%	4%	5%
父のみが理工系	31%	34%	29%	40%	37%	40%	26%	34%
母のみが理工系	3%	6%	1%	1%	0%	0%	1%	1%
両親は理工系ではない	54%	58%	62%	56%	59%	59%	69%	60%
合計（人）	80	114	126	116	110	114	94	754

（小舘ほか，2014年より）

同じ4%近くであるのに対して、40代になると9%、30代では8%と高くなっていることもわかりました。しかも、両親がそろって理工系という割合は、20代では12%で、以前の卒業生に比べて高い傾向もわかりました。また、祖父母および年上の兄・姉の中に、理工系出身がいるかどうかについても尋ねました。少なくとも1人以上の祖父母が理工系出身である割合は、全体では11%でしたが、20代および30代では、それぞれ16%と18%と比較的高くなっています。

▶ 日常生活で「理工系であることが役立った」と思うこと

2011年に、日本女子大学家政学部・理学部の卒業生（90人）を対象に小規模アンケート（有効回答率50%）を行いました。回答した45人の内訳は、20代が19人（42%）、30代が12人（27%）、40代が8人（18%）、50代が6人（13%）で、結婚している人が約半数の23人（51%）、子どもがいる人は14人（31%）でした。

また、37人（80%）が正規雇用で、現在も勤務を継続中（うち12人が勤続10年以上（27%））です。職種で見ると、技術開発が11人、企業の研究職が9人、サービス業の6人、大学教員が5人と続いています。転職を経験している人も12人（27%）いました。

彼女たちが、日常生活で「理工系であることが役立った」と思うことはなんでしょうか。

▶ 1. 総合的に：論理的で問題解決力が高い！

- わからないこと、新しいことなど、事柄の原因と対処法を考えることができる
- すべての物事に対して理論的で順序立てた考え方ができる
- 物事を順序立てて簡潔にまとめることができる
- 自分から進んで調べたり挑戦したりする行動力がある
- 理工系は、目の前の対象物に対して成果を挙げることに慣れていて、目標達成に向けた論理的思考を身につけることができ、また、忍耐強く、着実に成果を出す、精神力や体力が身についている

▶ 2. 私生活で：自然現象の謎や電気製品のしくみを説明できる！

- 日常での不思議（自然現象）などの原因がわかる
- 先端技術が理解できる
- 製品の仕様やしくみの理解度が高い
- 電気製品を購入する際にスペックを比較することができる

序章　理工系でよかった

▶ 3. 職場で：選択肢が広がり、スムーズなコミュニケーションで相互理解につながる！

- ITスキルがあり、かつ論理的な考え方ができ、理工系出身であることで、選択肢が広がる
- コンピューターや電気機器に強い人材であることで重宝される
- 技術が進展したり、専門分野が異なったりしても、基礎的な理工系の知識は役立ち、なんとなくイメージできる上、対応が可能である
- 技術者の話を聞いて説明書にまとめ上げる仕事をしているため、話の内容を的確に理解できる下地がある
- 一緒に仕事または研究をする人とのコミュニケーションのとり方でも、基礎として理工系の知識があるのでやりやすい
- 理工系出身のエンジニアが多い業界にいるので、お互いの話がすぐ理解でき、仲よくなる。コミュニケーションがしやすくなり、仕事がスムーズに進められる

また、仕事を8割の人が継続中なので「女性が仕事を続けることのメリット・デメリット」についても尋ねてみました。

▶ 4. 女性が働き続けるメリット

- 仕事を通じて社会貢献ができる
- 自分自身の経験とスキルアップができる

- 子どもに社会のことを実感とともに伝えられる
- 人生全般にわたって緊張感を持って生活できる
- 自らも収入があることにより、経済的・精神的な余裕が生まれ、人生における自由度が高まる
- 自分で人生を切り拓ける。選択肢が広がる
- 自立した女性として、誇りを持って生きていける。その誇りは職場だけでなく、家庭における子育てにも有効である
- 社会とかかわることができる。複数の自分の居場所を持てる
- 社会に対して、性別に関係ない普遍的価値観があることを示せる
- 社会の中で性別に関係なく、やりがいを感じながら夢を持って生きられる
- 男性とは異なる女性ならではの視点から、ものづくりをしたり、問題解決ができたりする
- 社会での潤滑油となる(会社において男性とは異なる雰囲気作りができる。子育てにおいても、社会を知っていることで、子どもに教えられる幅が広がる)
- 女性は男性と違うからこそ、男性と肩を並べることで、時に起爆剤のように率先して周りを先導することもできれば、緩衝剤のようにいろいろな人を結びつけてひとまとまりに安定させることもでき、家庭だけでなく社会でも多くの人を取り巻きながら仕事をしていける存在である

- 生きがいが増える
- 生き生きしているさまざまな価値観の人に出会える
- 他者や社会から認知され、位置づけがはっきりしていることで、自己や社会的立場を確立できる
- 日本社会の活性化につながる

▶ 5. 女性が働き続けることのデメリット

- 女性だから、というデメリットはないと思うが、本人次第でデメリットが出る可能性は大いにあり得ると思う
- 男女雇用均等が進んでも、家事・育児は必ずしも男女均等にはならない
- 自分自身でライフ・ワーク・バランスをとっていかなければならないということと、継続することの難しさ
- 精神的・体力的にきつく、ストレスがたまる
- 毎日の家庭生活が慌ただしくなる
- 働き続けることにいろいろ悩みはあるが、デメリットとは思わない
- 保育所や託児所探しに困る
- 家事と仕事のやりくりが大変である
- 物理的に子どもから求められる要求に答えられないことが出てくる
- 実体験として、自分が小さい頃に母が働いていたため、一緒に

いられる時間が短く少し寂しかった。自分の子どもに同じ思いをさせるの心苦しいものの、私自身は母が働いていることに誇りを持っていた
- 出産・子育てなどで一時的に中断されてしまう
- 子どもを産むタイミングと、仕事のタイミングを合わせることが難しい
- 出産後、仕事の時間的制限が生じた時に評価が下がり、出世が遅れる

また「日本は、女性が働きやすい国だと思いますか」という問いについては、回答した41人のうち30人（73％）がいいえ、と答えていますが、近年の変化について尋ねると、32人（78％）が「環境は年々よくなっている」と答えています。

数は少ないとは言え、仕事を継続中の、まさに現役世代の理工系女性たちが、現実と格闘しながらワーク・ライフ・バランスを模索している、生の声だと言えるでしょう。

コラム

名門女子高校では、理工系に追い風

　理工系の振興、科学技術分野における男女共同参画を促進するためには、裾野の拡大がとても大切です。そのためには、理工系を選択する女子生徒数・比率を増やしていくことが重要になります。

　裾野の拡大の一方で、科学技術分野における女性リーダーとなり得る人材を育成することも大切です。有望な人材が理工系に進路を選択することもサポートされていかないといけないでしょう。

　こうした観点から、国立研究開発法人科学技術振興機構（以下、JST）では、2013年11月から2014年2月にかけて、都内の私立女子高校3校を訪問し、それぞれの高校における進路選択の状況や課題等について、理数教科担当や進路指導にあたられている先生方との意見交換会を行いました。

調査対象の3つの女子高校の特徴

	理工系進学率	1学年定員	おおよその傾向
高校A	約4割	240人	医学系の志望が多く、工学系は少ない。
高校B	約7割	240人	薬学系が減り、理工系が増えている。理工系の中では純粋な理学部が減って、工学系は増えている。医学部は全体の20～25％。
高校C	約5割	180人	（現役合格者のうち）理工系のうち医歯薬系が3分の1を占める。残りの3分の2のうち、理工系では工学系のほうが少ない。

この意見交換会から、進路志向に関しては、以下の4つの傾向が読み取れました。

①生徒本人の意志：ほかの人と比べて自分の能力を発揮できそうかという視点や、どうしてもあの職業に就きたいという各人の希望など。

②保護者の意向：医学系学部の志望が多く、工学系は少ない傾向。安定して社会で生きていけるよう、なにがベストかを手ほどきする保護者の考えが大きな影響力を持つ。ただし、保護者が医学部を希望しても本人が希望しないということもある。一方で、保護者からは理工系でも、建築や薬学に進学させたいという希望はある。理工系は就職に有利なイメージあるが、実際に資格を生かして活躍している人がどのくらいいるのかといったような情報は必ずしも持っていない。3つの高校の先生たちはみな、理工系進学者を増やすためには、保護者をターゲットとした情報提供が絶対に必要であると考えている。

③社会・経済動向：教師という職業への魅力が、少子化などの影響を受けており、数学科などは減少傾向。文科系を見ても、文学部などと比べて、就職に強いと考えられている法学・経済学等、キャリアを意識した進路が強まっている。景気の影響はやはり進路にも影響している。

④テレビドラマ、先輩・社会人等からの影響：流行のテレビドラマも、進路に影響しているのではないだろうか。検察官や科

捜研など最近人気のあるテレビドラマで取り上げられた職業に就きたい人が増えている。学校によっては、高校1年時に社会人の話を聞く機会を設け、2年生で大学の先輩の話を聞くといった活動を行っていて、そうした機会を通じて能動的に進路志望をする生徒もいるとのこと。

理工系への進路阻害要因があるとすれば、それはなにかという質問については、以下のような答えが返ってきました。

①数学学習の壁：この点に関しては、学校によって、先生たちの反応が異なった。ある高校では、理工系進学を妨げる要因は数学への適応性、ある時点で抽象化される段階に来た時に、ついていける女子学生はその後も理工系進学に向けて歩を進めていけるとのこと。逆に、高校1年時くらいから苦手意識が出る生徒も増えてくるため、数学の楽しさを教えることに力を入れている高校もある。生徒個人に強い志望動機さえあれば、数学はほぼ問題なくクリアしてしまうという意見もあった。

②理工系職種のイメージの欠如：医師・薬剤師と比べて、その他の理・工・農学部に進学し、卒業した後で、社会で働く姿を想像できていない高校生が多い、という意見が多かった。ただ、大学のオープンキャンパスに行くとイメージが変わることもあるという。また、家庭内で理工系進学に理解を得るためには、将来のキャリアイメージを持ってもらうことが必要で、や

はり、保護者への情報提供の重要性がここでも示された。一方で、かつては「世の中を動かしているのは法律や経済などの文科系」という意識があったようだが、IT社会を迎えて、そのような意識はどんどん減ってきている、との指摘もあった。

③ものづくり原体験の欠如：ハンダづけやロボットづくりなど、ものづくりを経験していないため、電気・機械など工学部への進学に対するハードルが高くなっているのではないかという意見があった。小中学生ぐらいの時の実験教育で原体験があると違ってくるだろう。

④研究者＝食べていけない職種というイメージ：理工系に進み、研究者となることに対して、心配する保護者も多いという。研究者では食べていけないので、研究するにしても企業研究者を薦める、という安定志向がある。大学・国立研究機関などの研究者のポストは数もかぎられ、博士課程に進むよりも、修士号をとって企業に就職するというパターンが多数派だという話もあった。

中学・高校と生徒との関係では、以下のような意見が出されました。

①ロールモデル的な教師の存在：教員の影響も非常に大きい。教育システムではなく、先生が理工系分野のなにをどう見せるかがが非常に大きいのではないか。また、自己の意識レベルが高

く、志望などがはっきりとしているため、教室での指導は生徒にそれほど影響していない、という意見もあった。

②数学オリンピックなどイベントへの参加：数学オリンピック等は、学校としては奨励しておらず、また、スーパーサイエンススクールなど、国の支援で行われている事業にもさほど積極的ではないようである。理由としては、学校行事で発表などの時間が取れないことや、要員確保、設備の維持経費がかかり、参加に踏み切ることができないといったことが挙げられた。また、高校によっては、学生も、いわゆるオタクが少なく、1つのことにのめりこむよりも、リベラルアーツ（幅広く教養を身につけること）に関心を持つ生徒が多いという意見もあった。

この聞き取り調査の結果からなにが見えてくるでしょうか？理工系進学後の将来や職業選択などについての情報を保護者に向けてもっと発信することが必要でしょう。同時に、研究者といっても、さまざまなキャリアパスから研究者になる人も多いことや、研究者についてのイメージも改善する努力が必要なこともわかります。ただし、これらの女子高でも理工系への進学熱は高まる傾向にあり、社会の動向次第では今後に期待ができそうです。

参考文献

1) 小舘香椎子 監修：光できらめく理系女性たち—理想のワークライフバランスを目指して—，オプトロニクス社，2007．
2) 小舘崇子，小口菜採，小舘尚文，高橋尚子：女子大学理系学科の意義について，東京女子大学女性学研究所研究報告 35，2014．
3) 「女性研究者マルチキャリアパス支援モデル」プロジェクト編：サイエンスに挑む女性像，アドスリー，2009．
4) 朝日新聞 2007 年 9 月 3 日：「理系でよかった」8 割：日本女子大卒業生調査．

第1章　女子教育のあけぼのと理工系女性の先駆者たち

日本初の女子留学生、のちの女子教育に大きく貢献

1871年、岩倉具視、木戸孝允、大久保利通、伊藤博文らを中心とした欧米へ向けての使節団「岩倉使節団」が、明治政府によって派遣されました。46人の使節団を含む総勢108人が乗り込んだ船が、横浜から最初の目的地、アメリカのサンフランシスコに向け出航しました。

留学生43人のうち、女性は5人[1]。彼女たちは、近代日本最初の「女子留学生」です。5人の女性たちの年齢は、みな10歳前後。男性の留学生は帰国後に即戦力として期待されていましたが、彼女たちには、のちの女子教育への貢献に期待がかけられていたのだと思います。この5人のうち2人は、到着後1年の間に健康上の理由から帰国しましたが、残った3人は、帰国後、日本の女子教育に大きな貢献をしました。

女子留学生の1人、津田梅子の女子教育への志

津田塾大学の創立者、津田梅子[2]は、岩倉使節団の女子留学生の1人でした。津田は、1871年の遠征開始時、留学生最年少の6歳でした。1882年、18歳でアメリカから帰国。その時には、日本語をだいぶ忘れてしまっていて、日本の社会に再びなじむのに相当苦労したと言われています[3,4]。こういった事情もあり、津田は、教育に身を捧げるという明確な志を持って、再び米国に戻

ることを決意しました。

　津田は、1889〜92年まで、アメリカのフィラデルフィアにある女子大学、ブリンマー大学で生物学と教育学を学びます。その後は、イギリスにも行き、セント・ヒルダズ・カレッジ（オックスフォード大学の女子カレッジ[当時]）で勉強しました。帰国後、岩倉使節団の留学生仲間、山川捨松[5]や瓜生繁子などの力を借りながら、女子が職業婦人を目指し英語を勉強できるよう、津田塾大学の前身、女子英学塾を1900年に東京に設立しました[3]。

▶ 相次ぐ女学校の設立と理工系教育事情

　津田が女子英学塾を設立した頃の19世紀末から20世紀初めにかけて、フェリス女学院、東洋英和女学院、神戸英和女学校、聖心女子学院などがキリスト教宣教師によって設立されたほか、NHK大河ドラマ「八重の桜」の主人公、新島襄の妻、新島八重も同志社女学校の開校に尽力しました。これらの専門学校では、ネイティブスピーカーによる英語教育や、聖書講読などがカリキュラムに取り入れられるなど、官制（公立）の教育機関とは異なる志向がありました[6]。また、医学系においては、1900年に吉岡弥生が東京女子医科大学の前身、東京女医学校を創設しています。

　当時設立されたキリスト教系の女学校には、理工系に力を入れたところはほとんどありませんでした。女性の理工系の教育という側面では、官立（国立）の2つの女子高等師範学校（現在のお茶

の水女子大学と奈良女子大学)、私立では、1901年に設立された日本女子大学校(現・日本女子大学)、1918年開校の東京女子大学が大きな役割を果たしてきました。現在でも、理工系の学科を持つ女子大学は、お茶の水女子大学、奈良女子大学、日本女子大学、東京女子大学、津田塾大学の5校だけです。

明治の教育改革となかなか進まない女子の教育事情

西洋から知識や情報を取り入れるのが、岩倉使節団の役割だったとすれば、国内の教育改革はどのように進み、それが女子教育にどのような影響を与えたのでしょうか。

明治の教育改革については、詳しく書かれたものが数多く出版されていますので、ここでは簡単に触れるだけにします。

1872年に「学制」が公布され、近代日本の学校制度の整備が始まりました。6歳以上の男女に義務教育を行うことが決められ、小学校が急ピッチで設置されていきます。さらに、1886年の「学校令」で義務教育が4年間になり、1900年には小学校が無償化されて就学率が徐々に上昇しました。義務教育が6年に延長された1907年には、ほぼ90%が小学校に通うようになっています[7]。ただし、男子に比べて、女子の就学率が伸びるまでには時間を要しました。そのため、1893年には文部省(現・文部科学省)から「女子教育ニ関スル件」(文部省訓令第8号)が出され、保護者に就学を働きかけたり、女子が学んで役立つ教科として裁縫科が加えら

れるなどの対策がとられました[8]。

当時、女子教育の目的は「良妻賢母」の育成とされていました[9]。欧米列強に追いつけ追い越せという「富国強兵」が国の目標とされ、女性が家庭との両立で職業を持つことは社会には受け入れられていませんでした[6]。

1886年には「学校令」が施行され、その中の「帝国大学令」によって、大学が設置されます。時を同じくして「師範学校令」も施行され、女子高等師範学校が正式に教育制度に組み込まれていきます。しかし、女性教員の育成の必要性は認識されていた一方で、女性に学問や専門教育が必要だという考えは当時の社会にはほとんど存在していませんでした。

1895年に高等女学校規定が定められ、1899年には高等女学校令が公布されて、女学校では、修身（道徳）・国語・裁縫が必修化されました。さらに、外国語が選択科目となり、物理・化学が理科として統合、縮小されるなど、男子校とは一線を画する方針が強く見られるようになります。こうして、官立の高等女学校が整備される中で、キリスト教系女学校や専門学校も、家政科を設置するなど、良妻賢母志向や戦争に向けて国家主義が高まっていく世の中に適応しながら、女子教育が模索され、形作られていくことになりました。ただし、教員という職業だけは、官立の師範学校が設置されたことで、公に開かれた点は重要です。

日本で最初の女子大学の設立

明治の教育改革と時を同じくして、19-20世紀の転換期には、専門学校という待遇で、のちの私立女子大学がいくつも設立されました。1903年には「専門学校令」が発布され、大学には匹敵しないという位置づけではありましたが、専門学校で教育を受けると、無試験で教員資格が授与されるといった大学や高等師範学校と対等の待遇が文部省から与えられるようになりました。それにより、女子大学は、当時の女性に高等教育を、そして、職業を通じて女性と社会との間をつなぐ多くの機会を提供する一助を担いました。その後、女子高等師範学校や女子大学が、女性の高等教育を提供する組織として制度化されていくことになります。

1901年、アメリカのアンドーバー神学校やクラーク大学で学んだキリスト教(プロテスタント)の牧師だった成瀬仁蔵を創立者として、日本女子大学校(現・日本女子大学)が設立されました。「女子を人として、婦人として、国民として教育する」という方針を掲げ、日本で初めての女子大学(当時は専門学校という分類)として開校されました。創立には、早稲田大学の創立者の大隈重信、日本の初代総理大臣の伊藤博文、日本の経済発展に大きく寄与した渋沢栄一なども関与しています。さらに、NHK連続テレビ小説『あさが来た』のヒロインのモデル、広岡浅子も多大な貢献をしました[10]。

1910年にスコットランドのエディンバラで行われた世界宣教会議で採択された、アジアに教派を越えたキリスト教に基づく最高学府を設置するという決議に基づいて、1918年には、東京女子大学が開設されました。これを受けて、同じくミッション系の女学校だった東洋英和女学校高等科や女子学院高等科は、いったん東京女子大学に合併されました。初代の学長は、新渡戸稲造が務めましたが、学監（学長のもとで学務を執り、学生の指導をする、いわゆるNo.2）として、東京女子高等師範学校で学んだ安井てつが任命されるなど、津田梅子や吉岡弥生と同様に女性の先駆者も設立に貢献しています。安井てつは「女性にこそ数学を」という考えを持っており、東京女子大学には1927年に数学科が創設されました。そして、1937年には卒業とともに、無試験で、数学教師として男子校でも教鞭をとることのできる資格が文部省から与えられた珍しい女子大学となったのです[11]。

戦前の女子への理科教育：日本女子大学の理学教育を例に

　日本女子大学における女子の理学教育については、いくつかの書籍[12,13]にまとめられていますので、ここでは要旨だけを紹介します。

　1901年の設立当時、日本女子大学校には、家政学部、国文学部、英文学部の3つの学部がありました。創立者の成瀬仁蔵は、家政学部の柱として、自然科学、精神科学、社会科学を考えていました。

第 1 章　女子教育のあけぼのと理工系女性の先駆者たち

　そして、自然科学の非常勤教授として、東京大学などから教授を招聘し、レベルの高い教育が行われました。教授陣には、動物学の渡瀬庄三郎、植物学の服部他之助、物理学の後藤牧太、化学の長井長義など当時の自然科学研究の先頭を走るそうそうたる教授陣が集いました。

　とくに、おもに風邪薬に用いられている、エフェドリンの発見やその合成で成果を挙げた長井は、日本女子大学では 27 年間にわたり教育・研究を指導し、のちの日本女性科学者のパイオニアとなる丹下うめ（初めて帝国大学に入学した女性）や鈴木ひでる（薬学博士第一号）らを育成しました。さらに 1906 年、理科教育に力を注ぐ教育学部が開設されると、ドイツを模範とした実験室が整備された「香雪化学館」が設置され、女子学生たちは、割烹着姿

図 1-1　割烹着姿の実験実習風景（出典：日本女子大学成瀬記念館）

で実験に取り組み、当時最先端のライツ社製の顕微鏡を用いた動物実験も行われるなど、実験教育も充実していきました。女子が理科を学べる環境がごくまれにしかなかった当時から、数学、物理、化学、生物の授業が行われていたことが、その後、日本女子大学に私立女子大学として初めて、そして唯一の理学部が設置される礎となりました[12]。

また、女子高等師範学校でも、1897年に文科・理科が設置され、理学教育にも力が注がれていました。こうした組織としての積み上げが、1913年に日本初の3人の「女子大学生」誕生につながっていくのです[14]。

日本初の女子「大学生」：東北帝国大学に入学した3人の女子学生たち

1877年に最初の帝国大学（東京大学）が設立されてから、帝国大学に女性が初めて在籍できるようになるまでには、30年の月日がかかりました。そして、1913年、3人の女子学生が東北帝国大学に正式に在籍を許可されました。これは、日本の女性科学者の歴史において画期的な出来事でした。この歴史的経過について詳しくは、参考文献に挙げる湯川次義や橘木俊詔の著作[15]をお読みいただくとして、ここでは簡単に触れます。

東北帝国大学に女性の入学が認められたこの「事件」は、東北帝国大学の当時の学長、澤柳政太郎の決定が大きかったようです。

澤柳は文部省の元官僚でした。彼の日記から、女性のためだけの高等教育機関を別途開設する必要性はないと考えていたことがわかっています。また、当時の東北帝国大学への応募者が、他の帝国大学と比べて少なかったということも大学側の決定につながったのではないか考えられています。澤柳の決定は、前例のない重大な「事件」とされ、文部省からの厳しい批判に遭います[15]。

当時、日本社会は、まだ女性が男性と対等に大学で学ぶことへの準備ができていませんでした。これは当時の有識者や女性教育に貢献した人々の言動から察することができます。成瀬仁蔵は「私たちが真剣に検討する必要があることは男女共学がよいかどうかである」と書いています。女性の間でも意見は分かれました。共立女子専門学校を創設（1886年）し、女性の高等教育に尽力した鳩山春子は、東北帝国大学の判断を「勇断」と称賛しましたが、東京高等女学校（現・東京女子学園）の初代校長となった棚橋絢子は、日本の婦人は「子どもを教育」することで「国家に対する務めが済む」ため、大学教育は疑問だと述べました[15]。

論争や意見の相違はあったものの、4人の女性が合格し、そのうち3人が東北帝国大学に正規の学生として入学しました。日本の歴史で初めて女子大学生が誕生したのです。この3人のうち2人、黒田チカ（化学）と牧田らく（数学）は、ともに東京女子高等師範学校の卒業生[16]で、丹下ウメ（化学）は、日本女子大学校の卒業生[17]でした。

澤柳は、帝国大学に女子を招き入れた一方で、卒業後に女性が専門を持って家庭の外で働くことには前向きではなかったようです。生活に困窮するような所得者層の女性は、やむを得ず非熟練労働市場への参加を余儀なくされますが、それ以外の場合、職業に結びつくような専門知識やスキルを身につける必要はないと考えていました。

　1919年には北海道帝国大学が後に続きました。私立の専門学校では、1923年に同志社大学が学部生として女性の正規入学を許可しました。1913～23年の間には、非正規の学生や聴講生として女性を受け入れた大学はほかにもありました。

　こうして女子の高等教育機関の整備が進んでいきますが、法律上でも、男性と同等に差別なく「大学」への入学を認められるようになるのは、第二次世界大戦後まで待たなくてはなりませんでした。

図1-2　東北帝国大学に入学した3人の女子大生 [18]
左から、黒田チカ、牧田らく、丹下ウメ（出典：東北大学資料館および日本女子大学成瀬記念館）。

物理分野の女性の先駆者、湯浅年子

　第一次世界大戦と第二次世界大戦の戦間期には、医学、農学系分野では「リケジョ」が誕生していきましたが、物理や工学の分野で博士課程まで進む女性はいませんでした。そんな中で、湯浅年子（1909〜80）が道を拓きました。湯浅は 1927 年に東京女子高等師範学校の理科に入学しました。ここで保井コノ（ちょうど同じ 1927 年に保井は日本で初めての理学博士号を東京帝国大学から取得）らに出会い、指導を受け、物理学を専攻することを決めました。

　そして 1931 年、湯浅は東京文理科大学（東京教育大学の前身。

図 1-3　湯浅年子　実験室 50 ビーム・チャンネルの前で
（出典：お茶の水女子大学歴史資料館）

現・筑波大学）の物理学科に進学します。当時、正規生として女子学生を受け入れていた大学は、東北、北海道、九州の帝国大学と広島文理科大学、そして東京文理科大学だけでした。湯浅は東北帝国大学への進学を望んでいましたが、母親の反対で実現せず、東京文理科大学に入学します。ここに日本で初めて物理分野を専攻する女子学生が誕生しました。

　大学卒業後、湯浅は東京文理科大学物理学科の副手となり、東京女子大学の講師や、東京女子高等師範学校の助教授も務めました。そして、教鞭よりも研究に強い関心を持っていた湯浅は、フランスでの人工放射能の発見に触発され、海外を目指すことになります。第二次世界大戦が始まり、工学部出身の父親が病に見舞われる中、その父親の後押しを受け、国費留学生として1940年に渡仏しました。湯浅が30歳の時でした[19]。

　湯浅が学んだパリのコレージュ・ド・フランスでは、人工放射能を発見した教授、ジャン・フレデリック・ジョリオ＝キュリー（マリー・キュリー［キュリー夫人］の娘の夫）が指導教官になってくれました。その後、湯浅は1943年に「人工放射性核から放出されたβ線連続スペクトルの研究」というタイトルの博士論文を提出して、フランスの理学博士号（Doctorate en sciences）を授与されました。

　戦争も激しくなり、母親も病に倒れていたことから、フランスからいったん帰国すると、東京女子高等師範学校（1949年にお

茶の水女子大学として再編される)の助教授に就任します。しかし、当時の時代背景、戦後の状況から、人工放射能をテーマに研究を行うには十分な環境を得ることはできませんでした。そのような状況の中、指導教授であったジョリオ・キュリーからの呼びかけもあり、湯浅はパリに戻る決意をします[20]。そうして1957年に湯浅は、フランス国立中央科学研究所（CNRS）で主任研究員になり、1980年にパリで生涯を閉じるまで、定年後も研究を続けました。国内だけではなく、国際的にも第一線で活躍したグローバルな理工系女性の先駆者でした[21]。

戦前のヨーロッパでの女子教育事情

　戦前の日本では「良妻賢母」主義が女子教育の方向性に大きな影響を与えていました。同じ時期、西欧諸国はどのような状況だったのでしょうか。

　明治以降戦後までの日本では、女学校やそれ以上の学校で学ぶことができるのは比較的裕福な家庭の子女にかぎられていましたが、ヨーロッパでも似たような状況でした[6]。また、中・上層階級の女性たちは働く必要はなかった時代ですので、大学進学のための資格としての中等教育すら重んじられてはいませんでした。

　1860年代のヨーロッパ各国では、女性に学問が必要か否かについて議論されるようになっていたようです[22]。未婚女性や未亡人にとって働き口は重要です。当時、そういった女性が生計を立て

るために最も適した職業と見なされていたのが「ガヴァネス」と呼ばれる、住み込みの家庭教師や教師でした。イギリスで1848年に開校したクイーンズ・カレッジや、翌年開校のベッドフォード・カレッジは、こうした女性家庭教師の質を高めてほしいと願う雇い主たちの要求から生まれたと言われています。

　イギリスの動きに影響され、隣の島アイルランド（当時はイギリス領）でも、ベルファストで1849年にレディース・カレジエート・スクール（のちのヴィクトリア・カレッジ）が、ダブリンで1866年にアレクサンドラ・カレッジがそれぞれ開設されました。

コラム

戦前のイギリスと日本との女子教育におけるつながり

　女性の教育に生涯を尽くした社会改革者ドロシア・ビールは、オックスフォードの女子カレッジ、セント・ヒルダズを創設しました。ここで津田梅子も学びましたが、2008年には共学化され、オックスフォード最後の女子カレッジとして話題になりました。

　また、ビールは、イギリスの女性の教員養成機関チェルトナム・レディーズ・カレッジ（The Cheltenham Ladies' College）を1853年に開校し、ここで実験器具を含む理科の基礎が学べる環境作りにも力を注ぎました[23]。ビールの招請でチェルトナム・レディーズ・カレッジの教員となったウェールズ出身のエリザベス・フィリップス・ヒューズは1881年、女性に門戸を開いたケンブリッジのニューナム・カレッジで学び、卒業後、ケンブリッジ女子教員養成カレッジ（Cambridge Training College for Women Teachers：CTC）の校長に就任しました。さらに、ヒューズは、1885年に開設されたケンブリッジ大学ヒューズ・ホール（1973年に共学化）にその名を冠されました。ヒューズは、皇女教育の視察のために訪英した教育者、下田歌子に出会ったほか、ケンブリッジ女子教員養成カレッジに留学していた安井てつや津田梅子へも強い影響を与えたと言われています。1901年には来日を果たし、日本女子大学校などを訪問し、その後は、スウェーデン体操（懸

垂など肋木［体育館などにある梯子状の体操器具］を使った体操〕といった女子体育の発展に影響を与えた人物としても知られ、日英の架け橋の役割も果たしています[24]。

ヨーロッパでの女子教育改革の広がり：アイルランドの状況から

　日本では、先に述べたように、国の方針とキリスト教系の女学校との方針が異なることもありましたが、ヨーロッパでは、同じキリスト教系でも、プロテスタントとカトリックといった宗派の違いで、望ましい女子教育のあり方について意見が異なっていました。最初に女子教育改革を推し進めていったのは、ほとんどがプロテスタント系の中・上層階級の人たちでしたが、これが徐々にカトリック系の富裕層にも広がり、さらには大学に女子が進学できるよう制度改革を求める運動へと発展していきました。

　当時イギリスの属国だったアイルランドでは、宗派の異なるキリスト教信仰グループを抱えていたことが、共学か別学かといった学校の構成や、女子高等教育の意義づけにも影響を与えていました。とくに、カトリック教徒の家庭の子女には、教会の教えと反することを吹き込まれては困るということで、教会附属の学校

が好まれました。しかし、そうしたカトリックの家庭でも、教育本来の意味が徐々に認識されるようになり、教育の質の向上が謳われるようになります。そして1879年の法律によって、アイルランド王立大学が設置されると、1882年には男性と同格の学士を女性にも付与することになりました。ただし、講義によっては、女性が男性と一緒に参加することが認められなかったりするなど、社会的には大きな抵抗はありました。それでも、資格として、男性と同等の大学の卒業資格（学位）を取得できるようになると、次はその知識や技術を社会に活かし職業に就いていきます。そして、男女の賃金格差の是正や、女性の職業選択の権利などを社会に問う運動となって発展していきました。その結果、ベルファストやダブリンで女子教育改革運動をリードした諸団体は、薬剤師協会や公的セクターなどとも交渉を重ね、1870年には教員だけではなく、石版工や公務員としての通信士といった職業に就く女性も生まれました[25]。

ヨーロッパ大陸諸国でも同じような動きが見られたのですが、女性に大学の門戸を最初に開いたのは、スイスとフランスの大学（医学部）でした。スイスでは、チューリッヒ大学が1864年に、フランスでは、パリ大学が1867年の最初の女子学生を認めています。19世紀後半、これらの大学には、医学を勉強したい外国人女子学生の多くがロシアや東欧諸国などから集まりました[26]。

戦前のヨーロッパの女性の職業事情

　当時、ヨーロッパにおいて女性が生計を立てるのに最も適しているとされていた、女性教員のあり方はどのようなものだったのでしょう。そしてその頃すでに、教員のほか、看護師や医師という扉が開かれつつありましたが、それ以外にも専門職への道は開かれていたのでしょうか。

　カトリックの国で多く見られた中等教育までの男女別学志向は、女性教員にとっては朗報でした。経済的な理由から、地方では共学校も多かったイタリアでも、1907年には4万2千人の女性（小学校）教員がいて、これは公立小学校の70%を占めていました[24]。ただし、イタリアの場合は、国外への移民も多く、その多くが男性であったことから、教員のなり手としての人材不足もあったと考えられています。また、アメリカやイギリスでも同じように、当時から小学校教師といえば女性の職業と言われるほどで、教員の75%が女性によって占められていました。当時は、資格のない教員も多く、低所得であったとも言われています。これに対して、教師免許がなければ教えられなかったドイツでは、男性優位の状況が続きます。1911年時点で、小学校の女性教師の割合は21%と、アメリカ、イギリスの状況とはほぼ正反対でした。

　興味深いのはフランスです。もともとカトリックの国ではありますが、教会と政府との長い対立の歴史もあって、公的教育にお

ける世俗化を積極的に進めてきた国でもあります。教員を育成する機関としての「師範学校」（Normal School – École Normale）という名称もフランス革命以後に生まれたものです。フランスは、小学校は男女別学志向なため、女性教員の養成は国の役割として非常に重要なものとされていました。1900年時点での小学校の教員男女比も、ほぼ1対1と、ヨーロッパでは珍しくバランスがとれたものでした。ほぼ同じ19世紀末に、中等教育機関で教えることのできる女性教師養成のために、パリ郊外のフォントネー＝オー＝ローズとセーヴルに2つの女子高等師範学校が設置されています。全国民の2%程度にすぎない少数派であるプロテスタント系の人が、教員になった女性たちのうち、実に20%を占めていました。このことから、フランスでも女性教員は社会の主流の職業とは見なされていなかったと考えられます。

　ただし、フランスの女性教員の3分の1は結婚しており、イギリスの8%やアメリカの12%と比べると既婚者は相当数いました。修道女が教育するミッション系の学校と一線を画して、優秀な女性を教員にするというフランスの公的教育制度の方針がこのことからわかります。教員には女性が向いている、そして、家庭を持つ女性でも教員としての役割を果たすことができるというイメージを打ち出した結果と言われています。

▶西洋におけるリケジョ・女性研究者の先駆者たち

　戦前のヨーロッパでは、どれくらいの女性教員が大学にいたのでしょうか。1913年には、イギリスでは250人近くの女性が各地の大学で教鞭をとっていました。これはヨーロッパで最も多い数だったと言われています[24]。ただし、女性が担当したのは、教員養成がほとんどで、現場では、困難も多くあったようです。専門教育を受けた女性の社会における立場の向上やさらなる活躍の場の拡大を目指し、1907年には英国大学女性協会（British Federation of University Women）が結成されました。そして第一次大戦後の1918年には、国際大学女性協会（International Federation of University Women）も結成されます。こうした運動の先頭に立ったのは、アメリカ、イギリスの大学で教鞭をとっていた、バーナード・カレッジ学長のヴァージニア・ギルダースリーヴ、ロンドン大学教授のキャロライン・スパージョンなど、おもに英文学などが専攻の文科系の女性教員たちでした。

　理工系の女性研究者・大学教員の先駆者と言えば、必ず名前が挙がるのは、マリー・キュリー（キュリー夫人）です。欧州連合（EU）では、マリー・スクウォドフスカ・キュリーという彼女の名前を冠する奨学金や研究資金もあり、現在でも頻繁に名前が聞かれます。キュリー夫人が成し遂げた偉業は有名ですが、実は、理工系分野における女性の博士号取得者の第1号は、ソフィア・コワレフスカヤ（ロシア人数学者。ドイツのゲッティンゲン大学から1874年

に博士号授与)、第2号は、ウィニフレッド・メリル(数学専攻のアメリカ人。アメリカ・コロンビア大学から1886年に博士号授与)だと言われています。

コワレフスカヤは、1889年にストックホルム大学で近代ヨーロッパ初の女性教授となりましたが、そこに至るまでの彼女の人生は波乱万丈そのものでした[27]。一方、メリルは、博士号取得後、女子大学ウェルズリー・カレッジで教授就任の声がかかったのですが、結婚を選び、受けなかったということです。メリルは、女子大学のバーナード・カレッジ設置に尽力しました。

女性の職業として教員の道が開かれても、ワーク・ライフ・バランスという言葉もまだ存在していませんでした。それでも、社会的地位や宗教的解釈を越えて女性が理工系分野に進み、修得した知識や技能を社会に還元するということが模索される、その端緒となる時代が欧米には来ていたことがわかると思います。日本でも制度的な整備や社会運動こそ見られなかったものの、先駆者は現れつつありました。

参考文献
1) アジア歴史資料センター:公文書に見る岩倉使節団, https://www.jacar.go.jp/iwakura/sisetudan/main.html
2) 津田梅子については, 津田塾大学デジタルアーカイブ, http://lib.tsuda.ac.jp/DigitalArchive/index.html で詳しく知ることができます。著作としては, 大庭みな子『津田梅子』(朝日新聞社, 1993), 西條敏美『理系の扉を開いた日本の女性たち―ゆかりの地を訪ねて』(新泉

社,2009)などがあります.
3) 髙橋裕子:津田梅子の社会史,玉川大学出版部,2002.
4) 津田塾大学100年史編集委員会:津田塾大学100年史,津田塾大学,2003.
5) 大山捨松については,久野明子『鹿鳴館の貴婦人 大山捨松―日本初の女子留学生』(中央公論新社、1993)が参考になります.
6) 橘木俊詔:女性と学歴―女子高等教育の歩みと行方―,勁草出版,2011.
7) 文部科学省:学制百年史 資料編,http://www.mext.go.jp/b_menu/hakusho/html/others/detail/1317930.htm
8) 矢口徹也:女子補導団―日本のガールスカウト前史―,成文堂,2008.
9) 神田道子:日本の女子教育普及の経験と現代の課題,第2回国際教育協力日本フォーラム基調講演,2005. http://home.hiroshima-u.ac.jp/cice/wp-content/uploads/publications/report1/JEF%20j/2-5.pdf
10) 青木生子:概説日本女子大学の80年,日本女子大学,1981.
11) 東京女子大学90年史編纂委員会:東京女子大学の90年,東京女子大学,2008.
    (戦間期に東京女子大学から北海道大学の数学科へ進学した学生たちについては,山本美穂子「北海道帝国大学へ進学した東京女子大学生たち」,北海道大学大学文書館年報,2010. を参照してください)
12) 日本女子大学「女性研究者マルチキャリアパス支援モデル」プロジェクト編:サイエンスに挑む女性像,アドスリー,2009.
13) 竹中はる子:日本女子大学における理科の変遷―物理学教室の理学部成立までの道のり,ドメス出版,2014.
14) 東京女子師範学校から研究者となっていった先駆的理工系女性については,お茶の水女子大学デジタルアーカイブズ,http://archives.cf.ocha.ac.jp/researcher.html. が参考になります.1930〜40年代に日本女子大学から北海道大学に進学した物理や数学の学生が多くいたことについては,山本美穂子「北海道帝国大学理学部へ進学した日本女子大学校卒業生たち」,北海道大学大学文書館年報,2012.

を見てください．

15) 湯川次義：大正期における女性への大学の門戸開放―大正2（1913）年の東北帝国大学の事例とその後の展開―，教育学研究，第61巻第2号，1-10，1994．
16) お茶の水女子大学ジェンダー研究センター：http://www.igs.ocha.ac.jp/l
17) 蟻川芳子，宮崎あかね：白梅のように―化学者丹下ウメの軌跡，化学工業日報社，2011．
18) 東北大学女子学生入学百周年記念事業：女子学生の歴史，http://www.morihime.tohoku.ac.jp/100th/rekishi.html
19) お茶の水女子大学：湯浅年子，お茶の水女子大学デジタルアーカイブス，http://archives.cf.ocha.ac.jp/researcher/yuasa_toshiko.html
20) Yagi E and Matsuda H : Toshiko Yuasa (1909-80): the first Japanese woman physicist and her followers in Japan, AAPPS Bulletin (the Association of Asia Pacific Physical Societies), 17 (4) : 15-17, 2007.
21) 山崎美和恵：パリに生きた科学者 湯浅年子，岩波書店，2002．
22) Clark L L : Women and Achievement in Nineteenth-Century Europe, Cambridge University Press, 2008.
23) Edwards E : Women in Teacher Training Colleges, 1900-1960: A Culture of Femininity, Routledge, 2004.
24) 日本女子大学英文学科70年史編集委員会編：日本女子大学英文学科七十年史，日本女子大学，1976．
25) Harford J and Rush C (eds.) : Have Women Made a Difference? Women in Irish Universities, 1850-2010, Peter Lang, 2010.
26) Schultze C : Les femmes medecins au XIXe siecle, Paris: Ollier-Henry, 1888.
27) ワロンツォーワ 著，三橋 重男 訳：コワレフスカヤの生涯―孤独な愛に生きる女流数学者，東京図書，1985．

第2章 戦後からの女性を取り巻く教育・職業選択の変化

女子に大学の門戸が開かれた：
戦後からの女性を取り巻く状況の変化

　第二次世界大戦後の1947年「教育基本法」と「学校教育法」で日本の学校制度が見直されました。この時の女性にとっての大きな変化は、男女隔てなく教育が受けられるようになったこと、そして、女性が大学に入学することが公に認められたことです。戦後すぐには女子の大学進学率は伸びませんでしたが、1960年代になると上昇していきます。

　1970年代は、女性の差別撤廃や権利の付与という意味でとても重要な転換期となった時代です。第1回国際婦人年世界会議 (World Conference on Women) が1975年にメキシコシティで開催されました。日本からは、藤田たき（婦人運動家、教育者）が代表で会議に出席しました。そこで「世界行動計画」が採択され、1976～85年までの10年を「国連婦人の10年」とし、参加各国間で、平等・発展・平和を目標とする世界行動計画を実施していくことが確認されました。

　国連では、その後も1980年にコペンハーゲン、1985年にナイロビと、5年ごとに世界会議が開催され、各国の行動計画の実施状況がチェックされました。1980年の会議では、前年に国連総会で採択された「女子差別撤廃条約」の署名式も行われ、日本も批准しました（この会議で日本を代表したのは、日本で女性初の大使［デンマーク］となった高橋展子［労働官僚］です）。こうし

た国際的な動きも、日本における女性の権利獲得や活躍の推進に勇気をもたらし、その後の一連の動きに大きな役割を果たしました。

　日本において、現在の男女共同参画推進本部の前身となる婦人問題企画推進本部が設置されたのも、国際婦人年世界会議が開かれた1975年です。1977年には、日本国内での行動計画も策定され、文部省（現・文部科学省）の管轄下に「国立婦人教育会館」（現・国立女性教育会館）が創設されました。1986年に制定された男女雇用機会均等法につながる動きもここが原点となります[1]。

　こうした、女性を取り巻く社会の動きに歩調を合わせるように、女子の進学状況も年々上昇していきます。

戦後の女子の進学事情の変遷

　1947年に出された「教育基本法」と「学校教育法」で日本の学校制度は、アメリカにならい、小学校6年間、中学校3年間、高等学校3年間、大学4年という「6-3-3-4」の学校制度が採用されました。高等教育機関も、新制大学が設置されることになり、学校や専門学校、大学など多くの教育機関は再編、統合されました。前述したように、この時、女子に対する大学の門戸が開かれるとともに、女性が国立の研究機関で働くこともできるようになりました[2]。

　高校進学率は、1950年には男女合わせた数のまだ半分以下（43％）でしたが、高度経済成長期（1954〜73年）に上昇を続け、1965年には70％になりました。1970年代半ばには

90％以上となり、その後は横ばい（通信制を含めると約98％）になっています。当初は、女子の進学率のほうが低かったのですが、1970年代以降になると、女子が男子を上回った時期もありました。現在では、男女ほぼ同じ割合です。

　女子に大学の門戸が開かれたとは言え、戦後すぐには女子の大学進学率は伸びませんでした。戦後の国の基本的な教育方針として男女共学が採用されましたが、新制大学として1948年に最初に認可された12大学（國學院大學、上智大学、日本女子大学、東京女子大学、津田塾大学、聖心女子大学、同志社大学、立命館大学、関西大学、関西学院大学、神戸女学院大学、神戸商科大学：11私立大学、1県立大学）のうち5つが女子大学でした[3]。それまで続いた女性だけでの教育が継続された結果、国立大学に進学を希望する場合でも、女性であれば、お茶の水女子大学か奈良女子大学を選択するのが普通で、共学の東京大学、京都大学といった旧帝国大学や私立でも早稲田大学や慶應義塾大学を目指すのはまれだったといった状況も一因と思われます。それでも、門戸が正式に開かれたことの意味は大きいものでした。

　1960年代になると、女子の大学進学率が急激に上昇します。2年制短期大学（以下、短大）と4年制大学（以下、大学）への進学率を合わせると、1960年代半ばには10％を超えるようになりました。1970年代に入ると、さらに伸びて20％を超えるようになります（図2-1）。短大の進学率は1960〜75年の

間、5年ごとにほぼ倍増し、4年制大学は1970〜75年の間に10％を超えました。文学部では、1960年代に女性の割合が10％を超え、1970年代には20％以上に上昇し、男子学生をしのぐようになりました。

　大学で学ぶ必要性が広く社会で認識されていったことがわかります。さらに、1979年度の共通一次試験（現在のセンター試験）の導入で、受験熱が高まっていきました。大学へ進学する割合は近年では男女とも50％を超えて、25〜34歳の年代層で見ると、6割近くが高等教育機関で学んでいます（欧米諸国はほぼ5割程度）。

　女性にとっての高等教育が転換期を迎えたのは1990年代です。1995年には、短大と大学への進学率が、ほぼ同じ20％を少し超えた割合となり、これを境に短大への進学率は減少に転じていきます。1996年には、大学に進学する女性（24.6％）が、短大に進学する女性の割合（23.7％）を初めて上回ります（図2-1）。

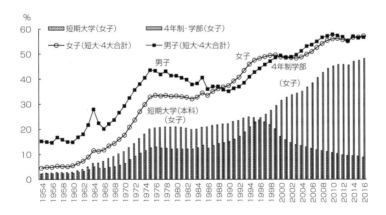

図2-1　男女別の大学進学率の歴史的推移（1954〜2016年）
（文部科学省、学校基本調査［各年度］より著者作成）

第 2 章 戦後からの女性を取り巻く教育・職業選択の変化

これは、男女雇用機会均等法が制定された 1980 年代後半から男女共同参画への端緒が開けてきた 1990 年以降の時期と重なります。

　それまでの、多くの女性が結婚、出産、育児のために労働市場から退くような社会では、女性が 4 年制の大学へ進むことの意義があまり見出せない状況でした。就職率から見ても、1965 年に短大卒の就職率が 57.4％となり、初めて 50％を超えましたが、1970 年代でも短大卒の就職率が 68.8％で、大学卒の 59.9％を上回っています（図 2-2）。労働市場への参加という意味合いからは、当時、社会から求められていた女性像が大学卒よりも短大卒に傾斜していたことがわかります。それが、男女雇用機会均等法や労働者派遣法の制定などによって、女性にも専門性が重視されるようになるにつれて、女子教育に対する社会からの期待がふくらむように変わったとも解釈できるでしょう[3]。

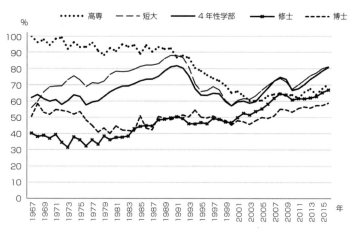

図 2-2　女子の就職率の歴史的推移（1967 〜 2016 年）
（文部科学省、学校基本調査［各年度］より著者作成）

コラム

旧七帝大への女子の進学事情

　女子の大学進学率が伸びる一方で、学部レベルで旧七帝大（帝国大学令によって設立された旧制大学で、国内の7つを指す呼び名）に入学する女性の割合は依然として低いままです。2009年でも、東京大学、京都大学がともに20％程度で、これは、女子学生の割合の全国平均が約40％であることと比較しても、依然として低いことがわかります。

　2015年春の入学者を見ても、東京大学は18％、京都大学は22％で、女子学生の割合が伸びていないことが報道されています[4]。2014年度で見ると、他の私立の女子学生の割合は、慶應義塾大

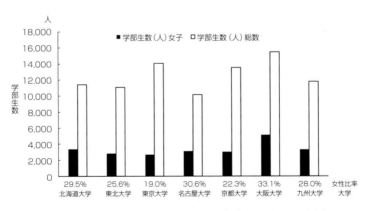

図　旧7帝大における女子学部学生の割合（2016年5月時点）
（各大学の学生数データ［Webサイト］より著者作成）

学で35%、早稲田大学が36%と続き、理工系女子学生の多い国立大学の筑波大学も39%でしかありません。同じ毎日新聞の記事によれば、アメリカの名門ハーバード大学で50%、理工系に強いマサチューセッツ工科大学（MIT）で45%、イギリスでは、オックスフォード大学でやはり46%となっていることも記されています。世界と比較してもまだまだトップクラスの大学で学ぶ女子学生が少ないことがわかります。

戦後の女性の職業選択の変遷

　1990年代にバブル経済がはじけて、景気が後退したことで、女子よりも、男子の就職率のほうが多くの打撃を受けたと言われていますが[5]、大学卒での就職をあきらめたため、男子の大学院進学率が大きく上昇していきました。一方、女子は短大または学部卒でよいと多くの人に考えられていて、結婚後には仕事を辞める選択がまだまだ主流でした。この傾向は、「馬の鞍型」または「M字カーブ」として知られる曲線がよく示しています（図2-3）。これは日本と韓国でとくに顕著な傾向です[6]。しかし、1986〜2011年までの25年の間には変化も見られます。M字カーブの窪み（底）が、1986年や2001年では30〜34歳であったものが、2011

年になると35〜39歳に、と年を経るごとに高齢化しています。女性が仕事を持つ割合（就業率）が年々増えていて、とくに20〜39歳の間で目立つようになってきました。

厚生労働省が発表した資料「大卒女性の働き方」（2009年3月）[7]を見ると、女性の働き方の変化がわかります。

女性が従事する産業分野を詳細に見てみると、学歴、雇用形態により大きな違いがあります。女性の大学・大学院卒業者の2007年における正規の職員・従業員は230万人でした。ここで「大卒」とは、短大を含まず、4年制の大学に限定されています。

正規の職員・従業員では、「教育・学習支援業」に従事する者が最も多く、51万人（22％）を占めています。それに次いで多い産業は、「医療・福祉」（36万人、16％）、「卸売・小売業」（33

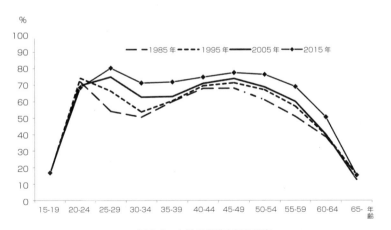

図2-3　女性の労働市場参加率
（厚生労働省統計資料［1985年〜2015年まで10年ごと］より筆者作成）

万人、15%)となっていますが、年齢階級別に見ると、40歳以上の中高年層では「教育・学習支援業」が圧倒的に多く28万人で、その割合は40%強にも上ります。その中でも、職業分類で見ると「教員」の割合が多い状況です。正規の職員・従業員の大卒女性のうち「専門的・技術的職業従事者」が96万人と最も多く、42%を占めています。その内訳を中分類で見ると「教員」が42万人と半数近くを占めていて、正規の職員・従業員の18%です。年齢階級別に見ると「教員」は50～54歳においては正規の職員・従業員の43%と高い水準で、40歳以上では38%を占めています。第二次世界大戦以前は、女性が専門職を持つということは、すなわち教員になることでした。現在の中高年層の職業選択においても、このことがまだ根強く残っていたと言えるかもしれません。

　一方、若年層では「教育・学習支援業」が占める割合は中高年層に比べ低くなっていて、20～24歳では10%、25～29歳では、11%と1割前後です。20歳代においては、「卸売・小売業」(20～24歳：20%、25～29歳：16%)や「医療・福祉」(20～24歳：16%、25～29歳：17%)、「金融・保険業」(20～24歳：14%、25～29歳：8%)の占める割合が高くなり、中高年層に比べ多様な産業に従事していると言えます。正規の職員・従業員のうち、大学卒業資格のある女性については、「専門的・技術的職業従事者」に次いで、「事務従事者」が90万人と、28%を占めていますが、若い年齢層でその割合が高くなっていま

す。20～30歳代の各年齢層では、「専門的・技術的職業従事者」よりも「事務従事者」の占める割合のほうが高くなっています。

　非正規の職員・従業員の大卒女性については「事務従事者」が48万人と最も多く41%を占めています。「事務従事者」に続くのは「専門的・技術的職業従事者」で32万人、27%です。このうち、「教員」は10万人で、全体の9%です。また、正規の職員・従業員同様、若い年齢層で「事務従事者」の占める割合が高くなっています。　こうした長期的な変化を見ても、理工系女性をめぐる社会環境や労働市場が変わってきていることがうかがえます。

第 2 章　戦後からの女性を取り巻く教育・職業選択の変化

コラム

世界の天文学者集団に占める日本人女性の割合は？

　国際天文学連合（International Astronomical Union：IAU）という組織があります。1919 年に設置され、1988 年に、日本人で初めて古在由秀（初代国立天文台台長）が会長に就任したほか、1997 年に総会が京都で開催されたことを覚えている方もいらっしゃるかもしれません。また、アメリカ、ハワイ島にある、日本が誇るすばる望遠鏡の建設に貢献されたのは、小平桂一（2 代目台長）です。最近では、2012 年から 3 年間、やはり国立天文台台長の海部宣男が IAU の会長を務めています。

　この組織に所属する各国の女性の人数と比率を 2016 年 11 月の最新データで見てみます[8]。

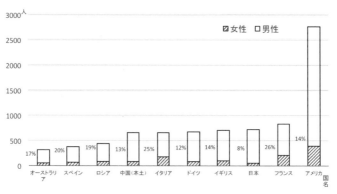

図　国際天文学連合に所属する各国の女性会員数とその女性比率
（国際天文学連合に所属する各国の女性比率 2016 年のデータより筆者作成）

全会員は、12,376人で、会員数の多い順でトップ10をグラフにしました（左下図）。

　日本は、723人とアメリカ（2,765人）、フランス（837人）に次いで多くの会員数を誇っていますが、女性の割合は、アメリカ（14%）、フランス（26%）に比べて、8%と大変小さな割合です。

　さらに、女性の割合だけで見た場合、100人以上の会員を持つ国の中で、比率の高いところは、アルゼンチン（39%）、ウクライナ（29%）、フランス（26%）、イタリア（25%）、南アフリカ（23%）、ブラジル（22%）、スペイン（20%）と続きます。また学会全体における女性の会員割合は16.9%ということです。

　このように、日本から参加している会員の母数は大きいのですが、割合を見ると圧倒的に男性が多いということになるわけです。（国際天文学連合のウェブサイトに基づいて執筆。グラフは筆者作成）

第2章 戦後からの女性を取り巻く教育・職業選択の変化

日本の理工系女性は増えているのか？

女性を取り巻く社会情勢の変化は、大学における専攻の選択にも表れています。1986年には、人文科学系を専攻する女子の割合は35％でした。2015年には21％と減少し、社会科学系は10％上昇して25％になりました。教育学系も17％から7％減少して10％になり、構成比がずいぶんと変わりました。男子は1986年、2015年ともに社会科学系と工学系が上位になっていますが、その合計は、1985年に全体のほぼ70％を占めていたものから、2015年には、62％に減っています。ただし、男子の工学・自然科学・農学系分野の選択率の合計は、32.9％から30.5％への微減で、30年間でほとんど変化が見られません。

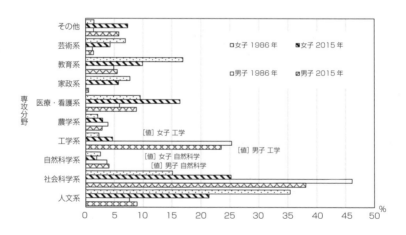

図2-4　大学における男女の専攻科目比率
（学校基本調査および文部科学統計要覧［平成28年度版］より筆者作成）

図2-4は、学部における専攻分野比率を1986年と2015年時点で比べたものです。女子の自然科学系選択比率は、およそ3%から2%へと減少しており、工学、農学、医療・看護系のすべてで比率が増えている中で逆行しています。他国と比べても、日本では、自然科学・数学・コンピューター分野を専攻する女性の割合が際立って低い状況です（図2-5）。

　同様の傾向は、研究者コミュニティの間でも見られ、日本における自然科学系の大学教授に占める女性の割合の低さは、欧州各国と比較すると際立っています（図2-6）。

　図2-7は、博士課程および研究者（社会科学・人文系を含む）の全体に占める女性の割合を示しています。研究者と博士課程に占める女性の割合が低いのは、日本・韓国・マルタで、女性研究者の割合も考慮すると、日本と韓国で割合がとくに低いことがわかります。

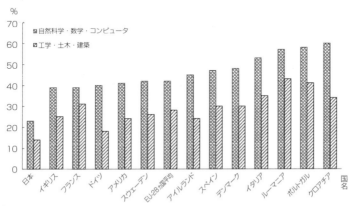

図2-5　自然科学・数学・コンピューターおよび工学・土木・建築分野を専攻する女性の割合（国際比較）
(SHE FIGURES 2015, p.29, アメリカと日本に関しては、Eurostat 2015のデータを基に筆者作成)

第2章 戦後からの女性を取り巻く教育・職業選択の変化

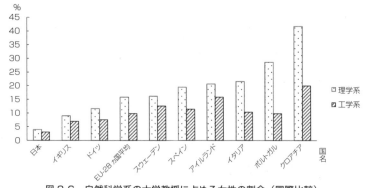

図2-6 自然科学系の大学教授に占める女性の割合（国際比較）
（SHE FIGURES 2015, p.133、2012年のデータより筆者作成。
ただし、日本のデータは、文部科学省、学校基本調査［平成24年度］より）

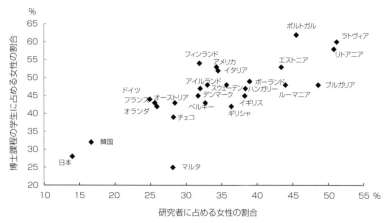

図2-7 研究者および博士学生に占める女性の割合（国際比較）
（SHE FIGURES 2012、日本のデータは、文部科学省政策研究所より筆者作成）

　自然科学分野に進む女子学生の割合が伸びない原因について、OECD（経済協力開発機構：国際経済全般について協議することを目的とした国際機関）が、2015年3月に発刊した報告書にヒントがあります。国際機関が実施する調査の結果をもとにして、日本はどのように見られているかを考えてみます。

OECD加盟国の生徒を対象にPISA（Programme for International Student Assessment）という「学習到達度」に関する国際学力調査が実施されています[10]。これは2000年に始まり、3年ごとに行われていて、2012年には、世界の65（OECD加盟国：34か国、非加盟国：31か国）の国と地域が参加しました。

　調査の目的は、義務教育修了段階の15歳の知識や技能を、実生活のさまざまな場面でどれだけ活用できるかを見ることです。おもに、読解力、数学的リテラシー（理解し、活用する能力）、科学的リテラシーの3分野について、思考過程の習得、概念の理解、そして、さまざまな状況下でそれらを活かす能力を評価しています。

　結果を国・地域別に見ると、アジア諸国（地域）が軒並みトップになっています。上海、シンガポール、香港、台湾、韓国、マカオに次いで、日本は7位でした。科学的リテラシーも読解力も、上海、香港、シンガポールに次いで、日本は4位でした。

　この報告書では、学業成績の男女格差が、参加国における教育制度の充実によって是正されてきている一方で、キャリア選択に関しては、依然として根強い男女格差が残っていることが指摘されています。科学リテラシーでは、男女ともほぼ同じ成績であっても、理工系分野の知識を生かした仕事に就こうと考える生徒の割合で見ると、男子では5人に1人ですが、女子では実に20人に1人以下です。その原因の1つとして、子どもに理工系分野の

職に就いてほしいと願う保護者の期待感が、娘である場合と、息子である場合で違っていることが挙げられています。この傾向は、数学の成績が男女で同じ場合でも見られています。

　数学的リテラシーでは、日本でも、(5か国［ヨルダン、カタール、タイ、マレーシア、アイスランド］を除く他の) 多くの国々と同様に、男子学生のほうが、女子学生よりも高得点を収め、統計的に明らかな男女差が出ています。数学的プロセスに関する3つのカテゴリー（「定式化」「適用」「解釈」）では男女間の差が比較的小さく、別の4つのカテゴリー（「変化と関係」「空間と形」「量」「不確実性とデータ」）においては、その差は大きかったということです。

　一方、科学的リテラシーでは、参加国全体では、男子と女子の間に差はあまり見られなかったのですが、日本では、男子のほうが女子よりも高得点という結果になりました。2006年の調査時には、男女差は見られなかったものが、2012年には差が見られた、と指摘されています。

　同報告書では、全般的に数学に関する不安が女子の間で強い傾向にあることが示されていますが、一方で、数学や科学に関する自信については、男子より女子の間で高いこともあるようです。たとえば、医療・健康に関する具体的な事例であったり、教室で学習する定式や解釈を用いた事例については、女子もかなり自信を持っています。女性の研究者の割合が高い国々（マレーシア：49％やタイ：51％）と、割合の低い国々（韓国：17％、日本：14％）

を比べると、高い国々では、科学や数学において、女性のほうが高得点をとっています[11]。

　男子に関しては、読解力の低下などが課題として指摘されていますが、これらの結果からは、とくに女子に関して、環境や社会通念の影響、そして、保護者、教師や雇用主といった人々に目を向けることの大切さが強調されています。

まだまだ少ない理工系女性：現状の打破へ

　以上、見てきたように、社会が求める女性の役割、そして女性自身の願望や志向も時代とともに確実に変わってきました。短大よりも大学を選ぶ女性の増加も含めた高学歴化が進む一方で、教員や看護師だけではない、その他の専門職につながる専攻を選択する傾向が徐々に強まっていることがわかります。

　男女雇用機会均等法によって、総合職と一般職という区別が生まれたものの、女性が高学歴や専門職を求める傾向に拍車がかかっていったことは間違いありません。しかし、ここ20年ほどの間に、理工系を選択する女性の割合はさほど増えておらず、その結果、科学技術をリードする女性の割合も、国際的に見てもまだまだ小さいのが現状です。

　このような現状を変えるために、21世紀に入り、理工系女性の育成や、その活躍を推進する取り組みが、いよいよ開始されます。次章では、それらの取り組みについて紹介します。

第2章 戦後からの女性を取り巻く教育・職業選択の変化

コラム

アジアの理工系女性をめぐる現状は？

　UNESCO（国際連合教育科学文化機関）と韓国女性開発機構（Korean Women's Development Instituite：KWDI）が、2015年に刊行した報告書[12]をもとに、アジアの理工系女性の状況を見てみましょう。

　理工系女性の割合が、高等教育レベルで高い国として、ミャンマー、マレーシア、ブルネイなどがあり、東南アジア諸国が目立っています（図A）。

　マレーシアでは、コンピューター分野の仕事に就いている女性が多いことが研究[13]などで報告されています。たとえば、マレーシアサインズ国立大学では、2001年時点で、コンピューター・情

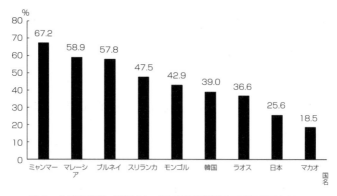

図A　大学の学部・準学士レベルで自然科学系のプログラムに登録している女子学生の割合
（UNESCO & KWDI 2015, 27頁より、筆者作成）

報科学分野を専攻する女子学生比率が 65％と非常に高く、教員も 10 人の教授のうち 7 人が女性でした[14]。マレーシア政府は、経済成長のために、科学技術が鍵となると考え、男女問わず、国を挙げて理工系教育に力を入れてきたこと、そして、いわゆる「外」での仕事に対して、「内」での仕事と見られたコンピューター系は、むしろ女性に適していると考えられた、という経緯も背景にあるようです[15]。

　マレーシアの高等教育機関における理工系の分野別男女比を見てみると（図 B）、薬学・医学系が多いのは各国と同じような傾向ですが、情報通信でも 50％以上を女性が占めていて、工学系でも 30％を超えているという、先進諸国ではなかなか見られない高い割合を示しています（図 C）。

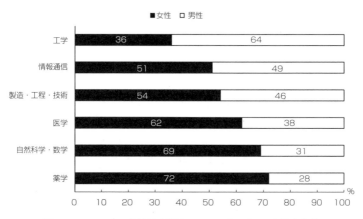

図 B　マレーシアの高等教育機関における理工系の男女学生比率
（出典：UNESCO & KWDI 2015, 29 頁より、筆者作成。
データは、マレーシア高等教育省［2013 年］より）

第 2 章 戦後からの女性を取り巻く教育・職業選択の変化

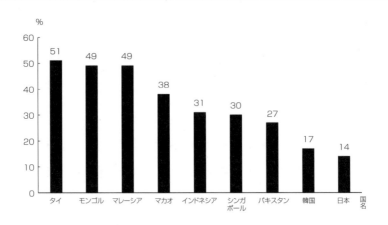

図 C　研究者に占める女性の割合（国際比較）
（UNESCO & KWDI 2015, p.70 より筆者作成。シンガポールが 2012 年データ、タイが 2009 年データであることを除き、残りは 2011 年時点のデータ）

　女性研究者の割合も東南アジアでは比較的高いことがわかります。

　東アジアに関しても、中国と日本を比較した興味深いデータも紹介されています。高校、大学、大学院、研究者とそれぞれの国の女性の割合が比較されています（図 D）。

　この図を見ると、日中間で差が出始めるのが学部レベルで、日本は博士課程で多少盛り返すのですが、研究者の割合では中国の半分程度にとどまっています。

　また韓国では、高等教育レベルで理工系を専攻する女性の数が減ること以外にも、研究者になってから、非正規雇用の女性の割合が高く、理工系女性の割合を維持するために大きな課題があるということも指摘されています。

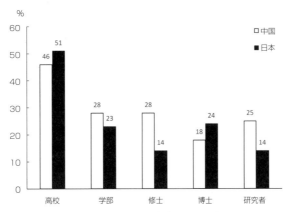

図D　理工系女性の割合：日中比較
（UNESCO & KWDI 2015, p.26 より筆者作成。
データは、ボストンコンサルティンググループ［2014年］から）

　東アジアと東南アジアでも大きな差があるわけですが、理工系の分野での違いや、科目選択、職業継続という視点で考えると、万国共通の課題も抱えているようです。

コラム

CoderDojo 発祥の地、アイルランドの女子高生や保護者たちは？

　アイルランドの首都ダブリンには、Google や Facebook、Yahoo! などが本社や欧州の拠点を置いています。これは、「欧州のインターネットの中心地」にという政府の戦略が功を奏し

た結果です。2001年には、シリコン・リパブリック（Silicon Republic：Siliconrepublic.com）というテクノロジー関連のニュースを掲載するオンライン誌をスタートさせて多くの読者を得ています。さらに、2011年からは、コンピュータープログラムの天才児といわれたジェイムズ・ウェルトンと、アイルランド在住のオーストラリア人企業家ビル・リャオが、小中学生向けプログラミング教室「CoderDojo Foundation」をアイルランド第二の都市であるコーク（Cork）に立ち上げました。このプログラミング教室は、2014年からは日本の各地に上陸するなど、世界的な広がりを見せています。

　そのようなアイルランドでも、理工系女性を増やすにはどうしたらよいのだろうか、ということが話題になっています。シリコン・リパブリックが、2013年3月8日の国際女性デーに合わせて、産業界から（やはりダブリンに本社を置く）アクセンチュア社、インテル社、公的機関では、アイルランド電力局（Electricity Supply Board：ESB）、アイルランド研究助成機関（Irish Research Council：IRC）、そして、CoderDojo Foundationからのサポートを得て、「未来に賭ける女性たち（Women Invest Tomorrow）」キャンペーンを打ち上げました。

　この「未来に賭ける女性たち」キャンペーンの一環として、中学・高校の女子生徒、18〜23歳までの女性や中学校以上の娘を持つ保護者、中学・高校の先生たち1,000人へのアンケートや聞き取

り調査が行われ、その結果がアクセンチュア（2014年1月発刊）の"Powering economic growth: attracting more young women into science and technology"（経済成長を促進する：もっと多くの若手女性を科学技術分野に関心を持ってもらうために）にまとめられています[16]。

　ここでは、そのレポートに記されていることを簡単にまとめて紹介します。

　まず、アイルランドにも、万国共通の科学に対するネガティブな偏見があるということです。たとえば、理工系分野には男子のほうが向いている（女子中高生の44％が回答）、とか、理工系分野は難しい、といった典型的なものです。職業の向き不向きについて、中学・高校の教員に聞いた結果では、アプリ開発は、男子と答えた先生が82％に対して、男女両方という回答は17％、なんと、女子と答えた先生は、1％にすぎませんでした。プログラミングでは、男子74％、男女両方16％、女子10％となっています。これに比べて、マーケティング（オンラインマーケティング／ソーシャルメディア）になると、女子が24％、男子が22％で、男女両方との回答が54％でした。ちなみに、伝統的に女性の職業とされてきた看護師は女子が89％、男子が1％で、介護士や保育士は、女子が93％、男子は2％となっています。

　職業の適性という観点から、理工系を選択する女子高生が少ないのは当然のこととも言えそうですが、唯一、生物学のみが異なる傾

向を示しています。教員の77％が、女子のほうが男子よりも生物を選択する傾向が強いと答えました。それは「女性のキャリアパス」に生物学が合っているからという理由からでした。

　また、アイルランドでも、日本の文部科学省にあたる教育技能省が中心となって数学教育に力を注いでいます。大学（学部）によっては、上級数学を学んだ高校生を優先的にとるところもでてきています。しかし、このアンケート結果によれば、上級数学を選択した女子（18〜23歳の女性）のうち31％は6か月以内に、最終試験で点数がとれないと困るという理由で、上級数学のクラスから脱落してしまい、通常の数学クラスに移っていたこともわかりました。

　女子中高生の保護者は、「理工系に女性が少ないのはなぜだと思いますか」という質問に対しては、理工系に進んだ後で、どんな職業、将来の選択肢があるのかについて知らない、つまり、「情報が足りない」（24％）と考えているようです。一方、同じように回答した教師は、全体のうち10％を占めていました。ただし、保護者に比べると、教師の間では、「これまで女性に適していると考えられてきた職業（看護師・教師など）が奨励されている」（25％）と「ロールモデルが少ない」（30％）という回答も多かったようです。ロールモデルが少ない、という点については、保護者の間でも24％が賛同していますが、「女性に適していると考えられてきた職業を奨励すること」を問題視する保護者は13％のみにとどまっており、保護者の間でも職業に関しては固定観念がまだまだ

残っていることが示唆されています。

　女子高生の保護者たちは、理工系進学後のキャリアの選択肢について情報がない、と考えている一方で、進学やキャリアに一番の影響を与えているのも自分たち（保護者）であると認識していることもわかりました（女子中高生の回答者のうち56％、18〜23歳の女性のうち48％、保護者のうち49％、教員のうち31％が、高校終了試験の科目選択に最も影響を与えているのは保護者と答えています）。さらに、理工系関連のキャリアについての情報は、断片的に、あちこちに散らばっていて、女子中高生やその保護者にとっては、情報を収集し、比較しながら、検討するということがなかなかしにくいという現状も明らかになりました。

　これは日本の状況と多少似ているところもあると言えるかもしれませんが、大学進学のための試験として、学生たちが選択し、一生懸命勉強する科目と、企業や雇用主が求めている能力、技能との不一致も目立っています。キャリアに関する情報をより総合的に、保護者向けに提供すること、企業と教育機関の連携、理工系科目をより魅力的に見せるための「ブランド化」の努力が、今後推奨される対策として挙げられています。世界でもアイルランドが、真の意味で、シリコンバレーならぬ、シリコン共和国になれるのか、この国でもその将来の鍵を握るのはやはり女子学生たち、ということのようです。

参考文献

1) 鹿嶋敬:男女共同参画の時代,岩波書店,2003.
2) 都河明子,嘉ノ海暁子:拓く―日本の女性科学者の軌跡―,ドメス出版,1996.
3) 田中丁,千葉能宏:女子の大学教育需要と雇用環境の変化―4年制大学と短期大学の志願率決定の二項・多項ロジットモデルによる時系列分析―,2011. https://ksurep.kyoto-su.ac.jp/dspace/bitstream/10965/460/1/AHSUSK_SSS_28_89.pdf
4) 毎日新聞:東大女子:なぜ増えない…「お得感なし」学歴隠す卒業生も,2015年6月4日.
5) 厚生労働省:『労働白書』(2011年度). http://www.mhlw.go.jp/wp/hakusyo/roudou/11/dl/02-1.pdf
6) 経済協力開発機構(OECD):雇用アウトルック2013,2013.
7) 厚生労働省:2009年3月報道発表資料,第2章:大卒女性の働き方. http://www.mhlw.go.jp/houdou/2009/03/dl/h0326-1d.pdf
8) IAU Women in Astronomy: http://iauwomeninastronomy.org/statistics/iau-stats/iau-member-statistics/
9) European Commission: She Figures 2012: Gender in Research and Innovation. Brussels: Director - General for Research, 2012.
10) PISAのほかにも,TIMSS (Trends in International Mathematics and Science Study)という国際数学・理科教育調査(2003年以降は、国際数学・理科教育動向調査)もあります.国際教育到達度評価学会(IEA)が行う小・中学生を対象とした国際比較教育調査です.
11) UIS (UNESCO Institute for Statistics): Database on science, technology and innovation. Human Resources in Research and Development (R&D). Researchers. UIS Data Centre, 2014.
12) UNESCO Bangkok & Korean Women's Development Institute: A complex formula: girls and women in science, technology, engineering and mathematics

in Asia, 2015. http://unesdoc.unesco.org/images/0023/002315/231519e.pdf
13) Lagesen V A : Extreme make-over? The making of gender and computer science. PhD Dissertation. STS-Report 71 (Trondheim, Norway, NTNU), 2005.
14) Mellstrom U : The intersection of gender, race and cultural boundaries, or why is computer science in Malaysia dominated by women?. In: Women. Scince and technology: a reader in feminist science studies. (3rd edition) . eds. Mary Wyer et al., 81-99. New York/Oxford: Routledge, 2014.
15) Schechter R : Malaysian Women redefine gender roles in technology, 2010. http://gender.stanford.edu/news/2011/malaysian-women-redefine-gender-roles-technology
16) Accenture : Powering economic growth: attracting more young women into science and technology, 2014. http://www.accenture.com/ie-en/company/sponsorships/Pages/powering-economic-growth.aspx

第3章 広がる理工系女性への支援：理工系女性が活躍できる日本へ

第3章　広がる理工系女性への支援：理工系女性が活躍できる日本へ

ひっぱりだこの理工系女性：
女性の活躍推進に向けた、企業と国の取り組み

　近年、新聞各紙には、女性登用の記事が多く掲載されるようになっています。キーワードとして「202030」がよく使われていますが、これは、社会のあらゆる分野において、2020年までに指導的地位に占める女性の割合を少なくとも30％程度にするという政府の目標で、2003年に、内閣府の男女共同参画推進本部で「女性差別撤廃」を目標として作られたものです。指導的地位とは、企業では管理職の課長以上を指しています。30％という数字は「国連ナイロビ将来戦略勧告」で提示された、1995年までに指導的地位に占める女性の割合を30％にするという世界的な数値目標が踏襲されたものです。

　2003年に「202030」が目標として設定されてから、内閣府男女共同参画推進本部が行動指針を発表し、目標達成に向けてさまざまな取り組みを展開してきました。しかし、図3-1に示すように1989年に2.0％だった女性課長比率は、2003年当時で4.6％、2012年で7.9％と、10年近い年月を経ても少し上昇しただけでした。目標値は定めたものの、この間、各企業に対する具体的な奨励も罰則もないため、効果は上がらず、社内や部署の方針などに左右され、これといった対応策がとられないまま時が過ぎてきたようです。こうした流れは、男女雇用機会均等法が最初に制定された時も同じでした。

しかし近年、いよいよ前向きに取り組もうという姿勢も出てきました。

韓国と同様に、世界的に見ても最速のスピードで少子・高齢化が進んでいる日本では、労働力が減少の一途を辿っているという問題があります。移民の受け入れに積極的ではなかったこともあり、労働力の減少は他の先進諸国と比べても顕著で深刻な問題です。労働力不足は、各企業にとって重大な問題であり、ひいては国全体の経済活動や年金・医療といった社会政策とも結びつくため、早急に解決すべき課題と認識されてきました。男性のみならず、女性の活躍の推進は必然の状況になっています。女性の活躍が推進されないかぎり、日本の未来は描きにくくさえなってきているのです。

これにいち早く気づいていた企業は、1980年代半ば頃から女性の活躍を支援するしくみ作りに取り組んでいました[1]。現在活躍している40～50代の女性たちは、自身の頑張り、能力、周囲

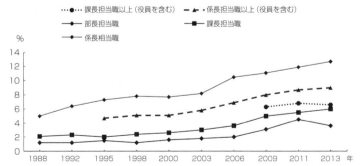

図3-1　民間企業における役職別管理職に占める女性の割合の変化（1988～2013年）
（内閣府、男女共同参画白書［平成27年版］より筆者作成）

第 3 章 広がる理工系女性への支援：理工系女性が活躍できる日本へ

や家族のサポートもさることながら、そうした理解のある企業や上司による支援を得たからこそ、家庭を持ち、子育てをしながら仕事を継続してきたという側面もあります（活躍する女性たちのキャリアについては次章で紹介します）。

2010 年代に入り、女性の就業促進による経済効果や、経営戦略としてのポジティブアクション（男女労働者の間に生じている差を解消しようとする自主的かつ積極的な取り組み）などが世界で注目され始めると、日本でもこれまでの遅れを取り戻す勢いで、国が成長戦略としての女性の活躍の推進を謳うようになりました。女性の活躍を推進する企業に対する報奨の付与など具体的な政策も出されるなど、動きは加速しています。

もちろん、このような動きや方向性がすべて、女性にとってプラスになるとは言えないかもしれませんし、女性の負担が増えるだけ、という批判もあります。その背景には、家事や子育て、高齢者の介護は女性の役割といった古くからの男女役割分担の考えがまだまだ根強く残っているということがあるのでしょう。高齢化が進み、高齢出産も増える中、子育て・介護を同時期にしなくてはならないダブルケア負担も珍しいことではなくなっています。家庭内での男女共同参画も同時に進まなければ、女性は、家庭も職場もという二重の重荷を抱えることにもなりかねません。こうした観点から、厚生労働省による男性従業員の育児休暇を奨励する企業への助成金の創設[2]や、父親の育児支援を行う NPO 法人

の設立が行われています[3]。

女性の活躍の場が広がることで、新たな課題が出てはいますが、女性であるという理由だけで、社会の偏見などから、教育や雇用のチャンスが与えられず、知識や能力を活かすことのできなかった時代を考えると、よい方向に向かっていると言えますし、とりわけ、理工系女性にとってはこの上ない好機です。

2005年12月に策定された男女共同参画基本計画(第2次)では、新たな取り組み分野として「科学技術」が取り上げられ、この分野における女性の参画を拡大すべきとしています。とくに、自然科学系全体で女性の採用目標を25%(理学20%、工学15%、農学30%、保健30%)と数値目標を示したことは画期的でした。この実現に向けて、女性研究者採用の機会確保や勤務環境の充実、政策・方針決定への女性の参画の推進、女子高校生の理工系分野への進路選択支援などが必要施策として挙げられています。

このように、科学技術立国として世界を牽引してきた日本のものづくりの技術の継承、そして新たな技術革新を生み出していくための人材として、女性も活躍が求められています。さらに、理工系出身者の生涯賃金は、文科系よりも高いという報告[4]も出されて、理工系女性は、企業に入った後の離職率が低いこと、そして、製品開発やマーケティングには女性の視点が不可欠といったことから、企業での争奪戦が始まっているという報告[5]もあります。理工系女性は、社会からひっぱりだこ、なのです。

第3章　広がる理工系女性への支援：理工系女性が活躍できる日本へ

次世代の理工系分野を担う人材を育てる取り組み

　社会から求められている理工系人材を、将来に向けて育てていくためのさまざまな取り組みも進められています。

　2002年、文部科学省は「スーパーサイエンスハイスクール（SSH）」[6]と呼ばれる事業を立ち上げました。この事業では、高等学校や中高一貫教育校で、理数教育をより身近に、楽しく教えるための指導法や、生徒たちに、創造性や独創性を高めてもらえるような教材の開発などへの支援を行っています。

　SSH指定校になるためには、文部科学省に設置機関を通じて応募し、採択される必要があります。初年度の2002年には、77校が応募し26校が選ばれました。当初は、1校につき3年間の支援期間でしたが、2005年以降5年間に変更になりました。また、2002年には7億円だったSSHプロジェクトの全体予算は、2011年には24億円へと増額されました。このプロジェクトは、高校と大学の研究成果とを結びつける高大接続の役割も果たしています。指定校の一覧や成果・事例など、詳しくは、JST理数学習推進部のウェブサイト[6]を参照してください。

　女子中高生へ向けて、理工系への進路選択を支援する取り組み（「女子中高生の理系進路選択支援プログラム」）も行われています[7]。JSTが行うこの事業では、女子中高生の興味・関心を高めて理工系分野へ進むことを促すため、科学技術分野の第一線で活躍する女性たちとの交流会や実験教室、出前授業などの支援を行ってい

ます。

　プログラムの一例として、独立行政法人国立女性教育会館が主催する「女子中高校生夏の学校」があります。2005年に第1回目が開催されました。100人を超える女子中高校生と、身近な支援者である保護者や教員が参加して、2泊3日の合宿形式のセミナーで、先輩の理工系女性たちも参加し、科学技術の面白さや魅力を実体験し、将来の進路選択に役立つ情報も盛り込まれて行われています[8]。

　将来の理工系女性の参考となるように、理工系を出て社会で活躍する女性たちの実例を集めた「ロールモデル集」の出版も行われています。ロールモデル集は、2008年に名古屋大学や九州大学によって出されると、それを皮切りに、各大学や研究機関から次々と出版されました。JSTが2011年に刊行した『理系女性のきらめく未来』や、国立研究開発法人宇宙航空研究開発機構（JAXA）の『宇宙航空の未来を拓く女性たち ロールモデル集』[9]などもその一例として挙げられます。『理系女性のきらめく未来』には、114人のロールモデルが掲載され、海外キャリア組も38人紹介されています。このロールモデル集は、これまでに約3万冊が配布されています。

図 3-2　ロールモデル集の数々

第3章 広がる理工系女性への支援:理工系女性が活躍できる日本へ

女性研究者を支援する:「女性研究者支援モデル育成事業」などの取り組み

　研究者への道を選んだ女性への支援も進んでいます。出産・育児などのライフイベントに際してどうしても止まってしまいがちな研究活動を継続できるように支援する取り組みです。

　文部科学省では、2006年度から「女性研究者支援モデル育成事業」を開始し、各研究機関に女性研究者支援策の提案を公募しました。初年度の2006年は、36の大学・研究機関から応募があり、10大学が採択されました。期間は3年間のプロジェクトで、それぞれ独自性のある提案がなされ、女性が働きやすい環境の整備（保育園の設置など）、女性研究者の採用・育成（研究者支援者の採用など）、次世代の育成・キャリア支援などが実施されました。

　「女性研究者支援モデル育成事業」の成果は、第20期日本学術会議の科学者委員会男女共同参画分科会による提言「学術分野における男女共同参画促進のために」に記載されています[10]。この調査で「女性研究者支援モデル育成事業」の採択校（2006、2007年度採択の20校）と採択校以外とを比較すると、「男女共同参画に関する広報や啓発活動」（採択校75.0％、採択校以外16.9％）、「男女共同参画を推進するための指針（規則・規定）等の制定」（採択校62.5％、採択校以外9.9％）、「男女共同参画を担当する組織や委員会等の設置」（採択校87.5％、採択校以外12.2％）などの項目でとくに差が見られました。男女共同参画を

推進するその他の施策への応募状況では、採択校では「女子中高生の理系進路選択支援プログラム」が37.5%であったのに対して、採択校以外では2.5%と、ここでも採択校の男女共同参画への積極的支援の姿勢が見られました。

　これまでの採択機関のおもな成果は、各機関の男女共同参画室のウェブサイトにも記載されています。たとえば、お茶の水女子大学（2006〜08年に採択）が事業の一部として開発した自己評価指標「お茶大インデックス」は、その後も各大学・研究機関などで活用されています[11]。また、その他の機関の取り組みの一部については、独立行政法人国立女性教育会館の『実践ガイドブック、大学における男女共同参画の推進』（2015年）にも紹介されていますので参照してみてください[12]。

　学術研究の助成、研究者の養成など若手研究者の支援を行う組織である日本学術振興会では「RPDフェローシップ」と呼ばれる特別研究員制度を研究者の出産・育児支援として実施しています。RPDとは、Restart Postdoctoral Fellowshipの略で「優れた若手研究者が、出産・育児による研究中断後に円滑に研究現場に復帰できるように支援する」[13]ことを目的とするものです。必ずしも将来が保証されているわけではない研究者という職業をめざす際、女性はとくに「期限つきの仕事や、非常勤の研究員になってしまったらどうしよう」とか「出産・育児の休業によって研究の現場から離れてしまっては、正規雇用が遠ざかってしまうのではない

第3章　広がる理工系女性への支援：理工系女性が活躍できる日本へ

か」といった不安で、研究の道へ進むことを躊躇してしまうことがあります。そこで、出産・育児休業制度が適用されない場合もある、大学や研究機関所属の非常勤研究員や期限つきの職務に就いている研究者のサポートも主要な課題としています。初年度から予想を上回る女性研究者から応募があり、これまでに共働きの男性研究者も数人採用されて研究支援を受けています。これらの支援事業は、2006年度から始まり10年が過ぎました。当初は、理工系の研究者のみでしたが、現在では、人文・社会科学を含む全分野の研究者が対象となっていて、年齢制限もなく、育児に携わる男性も応募することができます。これまでに、毎年50人ほどが採用されてきました。採用期間は3年間で、月額362,000円と科学研究費補助金事業から研究費として150万円以内（年）の支援がなされています（2016年度支給額）。

　日本学術振興会は、2009年から4年間の研究期間で、将来、世界の科学技術をリードすることが期待される潜在的可能性を持った若手・女性研究者などを対象とした支援策「最先端・次世代研究開発支援プログラム」を実施しました。この助成金は、政策や社会に対してインパクトをもたらす高度な先端的研究開発に対して支援されるものです。応募資格者は、45歳までの若手研究者ですが、女性研究者に対する年齢制限はありません。このプログラムの応募者（5,618人）のうち28％（1,558人）、そして、採択者（329人）のうち25％（82人）が女性でした。

コラム

イギリスにおける理工系女性支援のしくみ：WISE

　イギリスには、WISE（Women into Science and Engineering：女性を理工系に）という組織があります。設立は、1984年で30年以上が経ちました。WISEは、英国技術評議会（Engineering Council：継続教育や高等教育におけるコースの認定や実務に基づいたトレーニングプログラムの承認、そして、公認技術士、登録技術士、工学技士といった職業登録を行う技術者のための認定責任団体）が、政府の機会均等委員会（Equal Opportunities Commission：2007年から平等人権委員会（Equality and Human Rights Commission）に統合）に働きかけて結成されました。当時の機会均等委員会委員長は、ベリル・プラット（女男爵（Baroness）、2015年2月に91歳で逝去）でした[14]。

　プラットは、ケンブリッジ大学の名門女子カレッジ（ガートン）で機械工学を学びましたが、当時250人の学生のうち、女性は5人しかいなかったようです。工学部を選んだきっかけは、政府の奨学金だったと言います。戦後、イギリスでも国を再建するためにエンジニアが必要と考え、工学部の学生に、週25ポンドのポケットマネーを給付していたのです。1943年、ケンブリッジ大学では、まだ女性に男性と同じ学部レベルでの勉強をする機会はありませんでした。そのため、卒業はしたものの、学士という学位をプラッ

トはもらうことができませんでした。

　そんな彼女は、1981年には、上院（貴族院）議員に任命され、女男爵（男爵の爵位を持つ女性）になり、1983年には、1975年に設置された機会均等委員会の院長を命じられました。イギリスでは、1970年代後半に、工学部出身者が労働市場に不足しているという産業界からの声を受け、フィニストン委員会が設置されていました。その報告書の提言を受け、プラットの機会均等委員会は1984年に英国技術評議会と一緒にWISEの設置に踏み切ることになったのです。

　WISEは、1984年から2003年まで、WISE「出前バス」プログラム（WISE vehicle programme）をノッティンガム・トレント大学と協力して立ち上げ、当時のマーガレット・サッチャー首相が、この立ち上げ式を首相官邸で行っています。「鉄の女」として知られるイギリス初の女性首相、サッチャーも、実はリケジョで、オックスフォード大学で化学を学んでいました。

　この「出前バス」プログラムは、13〜14歳の女子たちに、実験などを通じて、科学に実際に触れる体験学習の場を提供し、最終的には、4,500の学校訪問と37万人の参加を記録しました。

　こうして、1984年には、工学部出身の女性の割合が7％だったものが、約15年をかけて、2001年には15％になったのです。

　2002年には、まだまだ理工系の女性人材が少ないと、イギリス政府貿易産業省が、神経生理学の大家スーザン・グリーンフィー

ルド教授を議長とする委員会を設置して、調査を依頼します。その報告書では、科学技術部門の雇用主への働きかけ、生涯教育を含む教育機関への助成、研究分野への投資として、学会・産業界・公共セービス部門におけるジェンダー平等を促す政府のアクションプランの達成をめざすことが盛り込まれました。こうして、貿易産業省（現在は、ビジネス・イノベーション・技能省）所管、理工系分野の女性資料センター（UK Resource Centre for Women in SET）がまずは3年の時限つきで、2004年に設置されました[15]。UKRCの役割は、女性研究者のデータベースや統計の整備、女性研究者の地位の向上、復職者の支援、雇用者への情報提供と理解促進でした[16]。

　その後、UKRCは、活動の幅を広げ、2006年からは、Women of Outstanding Achievement Photographic Exhibition ということで、毎年6〜8人の理工系女性の功労を讃えて、その肖像画を展示する企画も行っています。肖像画は、オックスフォード大学や王立学会、王立工学会に飾られるなど、ロールモデルの「見える化」に貢献しています。2010年からマンチェスター大学の学長に就任したナンシー・ロスウェル（生理学）の肖像画は、ナショナル・ポートレイト・ギャラリーに展示されています。

　UKRCは、ブラッドフォードに設置されましたが、その後、イングランドの南東部や南ヨークシャー、スコットランドやウェールズにも支部が置かれるようになりました。2011年には、上記

のWISEキャンペーンの主催者となり、2012年からはWISEという名前を名乗って、政府の管轄から独立したコミュニティ利益会社（Community Interest Company）になっています。

　ほかにも並行して展開されてきた理工系女性のサポートがあります。

　イギリスの高等教育セクターにおいて、スタッフや学生の平等と多様性を促進するために設立された慈善団体、平等推進局（Equality Challenge Unit）が、UKRCとともに、2005年にアテナ・スワン憲章（Athena SWAN Charter）を立ち上げました。組織全体でジェンダー間の不平等を除去する努力をしている理工系や医学系の団体・学部に与えられるもので、学長もしくは副学長の合意がない団体には申請資格がありません。設立時にこの憲章をサポートしたのは、オックスフォード、ケンブリッジ、ロンドン大学のインペリアル・カレッジとユニバーシティ・カレッジ・ロンドンでした。

　金賞から銅賞まで3段階に分かれているので、段階ごとに申請をしていくことができますし、団体といっても、学部レベルでも申請が可能になっているのも特色です。2012年4月には、124の団体もしくは学部が憲章に認定されているということです。2015年からは、文科系の学部にも拡大され、隣国のアイルランドの大学・研究機関も申請が可能となりました[17]。

　アテナ・スワン憲章は、そもそも、ジュリア・ヒギンズ教授（材

料化学）とナンシー・レーン教授（動物学）が中心になり立ち上げたアテナ・プロジェクト（Athena Project、1999-2007年）が、分野を横断する理工系女性アカデミック・ネットワーク（Scientific Women's Academic Network：SWAN）と結びつく形で実現したものです。

アテナ・スワン憲章を受けた大学や学部は、科学における女性の割合を増やす取り組みを進めています。たとえば、出産休暇や育児休暇のサポート、女性の職場復帰がその一例です。まさに、日本の文部科学省が進めてきた女性研究者支援モデルのプログラムでお馴染みの取り組みです[18]。

また、2005年には、女性のビジネスおよびプロフェッショナルリーダーを奨励するということでファースト・ウーマン賞が設置され、その中には、科学・技術部門の賞があります。中小企業やベンチャービジネスのサポートを目的に設立されたリアル・ビジネスという情報ポータル・ウェブマガジンがこの賞の仕掛け人ですが、英国産業連盟（Confederation of British Industry）がスポンサーになって、2016年には第12回授賞式を迎えています。

コラム

イギリスでも工学系女性はまだまだ少ない？
最近の報告書から

　先のコラムで紹介したようにイギリスでも積極的に行われてきた女性の活躍促進策では、どんな成果が得られたのでしょうか。それを見ていく前に、10年ほど前の状況について少し補足します。

　2000年代初頭、イギリスの大学では、物理を専攻する学生の数が長期的な減少傾向にあり、2006年にイギリス中部にあるレディング大学は物理学科の閉鎖を決めました。その後（文科系学科の閉鎖もありましたが）機械工学科も閉鎖され、周囲の大学も危機感を高めることになったのです。

　そこで、ロンドン近郊、イングランド南東部にある6つの大学（ケント大学、ロンドン大学クイーン・メアリー校、ロイヤル・ホロウェイ大学、サリー大学、サセックス大学、サウスハンプトン大学）の物理学部が連携し、イングランド南東部物理ネットワーク（South-East Physics Network：SEPnet）を結成しました。現在は、オープン大学やハートフォードシャー大学、ポーツマス大学も加わり、9大学が活動し、連携会員としては、オックスフォード大学、レディング大学、ラザフォード・アップルトン研究所も参加しています。

　SEPnetは、ビジネス・イノベーション・技能省の外郭組織で、高等教育部門の資金を扱うイングランド高等教育基金公社（Higher

Education Funding Council for England）から資金を得て、大学間で研究協力をしたり、アウトリーチ活動を行ったりしています。学部の2、3年生に、8週間の夏のインターンシップを提供するといったことも行っています。

　2014年11月には、SEPnetが中心となり、WISE（p.105のコラム参照）やイギリスの鉄道網のインフラを提供しているネットワーク・レール（Network Rail Infrastructure Limited）が委託した調査報告書を公刊しました。テーマは、平等と多様化で、タイトルは「私には向かないって本当？（Not for people like me ?)」です。女性や特定の人種などが理工系人材として、まだ少ないのは、理工系のイメージとして「自分のような人間には向いていない」というステレオタイプが大きな影響を与えていることがタイトルからよくわかります。

　この報告書は、最近のデータや公刊物を網羅的に集めて解析していて、物理・工学系を中心に理工系の人材確保をめぐる状況についてとてもよくまとめられています。その中から、要点を紹介します。

【現状】
　・工学系の人材は、毎年36,000人ほど不足している
　・女子が理工系の科目を選択していないわけではない
　・資格の取得という面では、女性のほうが男性よりも多い
　・女子のほうが男子よりも理工系科目の点数が高い

第3章　広がる理工系女性への支援：理工系女性が活躍できる日本へ

- 多くの女子学生が16歳の時点で、物理科目を専攻しないという選択をすることで、工学系に進むチャンスを逃している
- さまざまな努力をしてきたが、工学系を選択する女子の割合はここ30年で変化がない
- イギリスは、ヨーロッパにおいて、工学系および情報通信系における女性の労働市場参加率が最低レベルである
- 生産性・創造性の観点から、女性の視点はもっと活かされるべきである

【理工系選択の決定にはなにが影響しているか】

- 家族・保護者の影響が大きい。とくに、アジア系イギリス人の家庭ではその傾向が強い
- 工学系に進むと仕事の幅も広がり、機会も多いという事実が低所得者層家庭に浸透すると裾野は広がる
- 母親が、物理・工学系のキャリアについての不安を払拭して、女性にも働きやすい労働環境があるということを認識することが娘にも前向きな影響を与える
- 女の子自身に「自分にも向いている」と感じてもらえるよう、理工系の持つイメージと本人の志向・関心が不一致を起こさないようにするために、保護者の理工系に対する理解と前向きのサポートは大切である

【あなたはどのタイプ？　科学者の10のタイプ】

①探索・発見型：誰も知らない新しい知識を見つけ出したい人

②掘り下げ型：論理的で集めた情報をもとに答えを探すことが好きな人

③開発・橋渡し型：想像力があって、アイディアを形にしたい人

④実行・サービス提供型：計画性があり、人のサポートをしたい人

⑤リスク探知・法務型：物事の細部やリスクなどに目を向けるのが得意な人

⑥起業家型：開発しながら、商品化までのプロセスを考えるのが好きな人

⑦コミュニケーター型：相手によって言葉を変えながら、メッセージを伝えることができる人

⑧教員型：科学について理解しようとする人の手助けをしたい人

⑨ビジネス・マーケティング型：説得力をもって商品のメリットなどを伝えられる人

⑩政策立案型：データやエビデンスをもとに報告書をまとめたり、提言をするのに向いている人

(Macdonald, A. & SEPNet 2014, pp. 6-7, 27.[19] 筆者翻訳・作成)

第3章　広がる理工系女性への支援：理工系女性が活躍できる日本へ

　参考に、イギリスでのエンジニアの専門職、情報通信系の専門職、技術士の女性の割合と人数を紹介します。2014年のデータをもとにしたものですが、労働市場全体で見ると、男女比がほぼ1対1にもかかわらず、エンジニアの専門職では19対1、情報通信（ICT）の技術士でやっと4対1となっています。イギリスでも、工学系分野の女性の割合はまだまだ低いと言えます。

　ちなみに、WISEでは、前述の「自分のような人間には向いていない」という固定観念を拭い去ってもらえるように、「私のような人（〜編）」という資料を英国電子工学技能財団（UK Electronics Skills Foundation）や関連分野の企業と協力しながら、作成し、Webサイト[20]で提供しています。

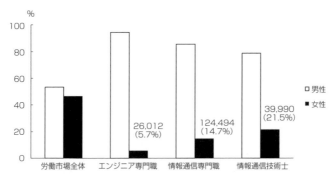

図　工学・情報通信系の専門職に占める男女比率
（2014年 WISE集計データ[21]より筆者作成）

科学を牽引する女性を！：
日本学術会議の女性科学者リーダー育成への取り組み

　研究者として活躍する女性が、さらに科学を引っ張る存在となっていくための取り組みも進められています。

　1990年代に入り、日本の研究者を代表する機関である日本学術会議（優れた研究・業績を挙げた科学者の中から任命された会員で構成される機関）での女性の会員数が少ない要因が問われるようになりました。1994年当時、会員総数210人に対して、女性会員は4人（2％）でした。そこで同年「女性科学研究者の環境改善についての提言（声明）」が採択されました。しかし、同年秋、女性会員数は1人に減る結果となり、危機感はより強まりました。これがきっかけとなり「女性科学研究者の環境改善に関する懇談会（JAICOWS）」が外部組織として立ち上げられました[22]。この懇談会の活動もあって、会員選出方法の改革が行われ、第20期（2005〜08年）の新生学術会議では、女性会員比率が一気に20％まで高まりました[23]。

　また、この第20期から科学者委員会の中に「男女共同参画分科会」が設置され、男女共同参画の現状把握と推進に向けた課題の検討が行われました。分科会では、2007年に国立・公立・私立の全国の大学を対象にアンケート調査を実施し、その結果をもとに、2008年7月に提言「学術分野における男女共同参画促進のために」[24]をまとめました。そこで明らかになったのは、日本の

第3章 広がる理工系女性への支援：理工系女性が活躍できる日本へ

　大学では国立大学を中心として、男女共同参画の施策が行われているものの、女性教員比率はきわめて低いということでした。さらに、国立大学よりも文科系学部が多い公立や私立の大学では、女性教員比率は国立大学よりは高いのですが、男女共同参画の施策という面では、実績があまりなく、要職を担う教授や学部長などの数も少ないという現状も明らかになりました。このアンケート調査は、3年ごとに実施されていますが、女性教員の比率はあまり向上していないという結果が出ています[25]。

　日本学術会議では継続して、男女共同参画の視点から女性研究者の環境改善・育成に取り組んでいます。学術会議のようなトップクラスの研究者集団が、女性研究者の実情把握を行いながら、リーダーとなる女性の育成を支援するということも、理工系女性のサポートの大きな後押しとなっており、将来の状況改善につながると考えられます。

コラム

北欧諸国（ノルウェー・スウェーデン）の
理工系女性事情

　北欧諸国は、男女平等の先進国ですが、理工系女性が占める割合だけを見れば、意外と高くはありません。日本とこうした男女共同参画の先進国にはどんな違いがあるのでしょうか。ここでは、スウェーデンとノルウェーについての報告をもとに考えてみます。

　スウェーデンに長年暮らし、スウェーデン国立宇宙物理研究所の研究員である方の記事[26)]が大変参考になります。宇宙物理研究所では、最近になって教授の数が男女同数になるまで、女性の教授のほうが多かったと言います。しかも、すべての女性が家庭を持ち、母親だったということです。「日本のように『仕事か子どもか』の二者択一を迫られたわけではない」ということです。そして、スウェーデン北部で唯一の総合大学ウメオ（Umeå）大学では理工系の女子学生の割合が4割もいることに触れています。

　高等教育を受けた女性が、結婚や出産を理由に仕事を中断することがほぼないことの背景には、スウェーデンで取得できる16か月の育児休暇を、父親と母親でほぼ半々ずつで取得している家庭が多いことを挙げています。そして、母親でもある教授たちが、工学部系の労働環境や文化（実験のための残業や、会議の時間帯など）を変えていったという経験が書かれています。記事では、スウェーデンでも、形式的な男女平等主義がはびこっていることにも触れ

ていますが、無理のない仕事で業績をあげる、というスタイルと、女性で家庭を持っているために生まれる、リーダーとしての判断こそが、実は国際競争力を高めた裏側にあると指摘しています。

　隣国のノルウェーではどうでしょうか。
　ノルウェーでは、男女の性差別による弊害を解消するため、議会、企業等での男女の比率に偏りがないようにする、クオータ制が1978年に昨られ、2006年に上場企業の取締役会の少なくとも40%を女性にすると法律で定め、世界から注目を集めました。
　2006年から10年ほどが経過し、クオータ制度の成果について議論が始まっています[27]。オスロ大学のマリ・タイゲン教授は、「前向きの効果はあったけれど、まだまだ女性のリーダーは少ない」としています。
　2008年までには、ノルウェー国内の500の上場企業のうち、ほとんどの会社が、クオータ制度を守るようになったと言われています。ノルウェーの基幹産業は、鉱業、再生可能エネルギー企業、そして、石油・ガスといった分野ですから、クオータ制が収益を上げている企業で活用されたのであれば、材料化学や工学といった自然科学系分野の女性たちは、採用や昇進など直接の恩恵を受けたはずでしょう。
　イングリッド・エリザベス・ディ・ヴァレリオは、材料工学のエンジニアで、ノルウェーの石油・ガス会社スタットオイルの取締役

会の役員です。彼女は、「この法律がなければ、少なくともあと15年間は女性の役員比率が40％に達することはなかった」と言っています。1993年には、取締役会における女性の割合はまだ3％、2003年になっても、たったの7％だったということです。

クオータ制度は、女性の割合を増やすという単なる目標として設定されたわけではなく、男女のバランスがとれた企業は、バランスの取れていない企業よりも収益が大きいという経済的見地からも考慮された法律でした。それでも、企業の一部は、クオータ制の導入を渋り、ついには上場廃止を決定したところもあったというのですから、男女平等が進んでいる国とは言え、難しい問題であることがわかります。

太陽エネルギー会社RECで取締役を務めるミミ・ベルダールは、法律が導入された当時は、この動きに反対だったと言います。しかし、導入された後の経営の管理と取締役員会の機能を見ていると、以前よりもよくなったと感じているようです。彼女自身も、クオータ制に大きな影響を受け、さまざまな企業から役員として誘いを受けたと言います。逆に、あまりにも依頼が多く、すべてを引き受けたり、対応したりすることはできなかったということです。

彼女のような人は、「黄金のスカート」をはいた女性と言われ、複数の企業から取締役としての誘いが殺到したと言います。しかし、このことはまさに取締役になれるようなリーダー格の女性がまだまだ少ないということの証でもあるのです。この点は、スウェー

第3章 広がる理工系女性への支援：理工系女性が活躍できる日本へ

デンの記事でも書かれていました。「女性」という理由だけで、さまざまな講演会や審査員、会議に呼ばれることも多いということです。

　北欧諸国に共通の社会政策（充実した保育制度、長い育児休暇、柔軟な労働条件）を考えれば、ノルウェーの経営トップの女性がまだまだ少ないことには大きな疑問もあります。しかし、テイゲンは、会議室における男女比が変わり、上級職に女性の数が増えたことによって、女性たちの間で自信が生まれたこと、とくに、女性自身が上級職になろうという意識を高めることになった、という点に大きな意味を見出しています。これは、まさにスウェーデンの場合と同じく、女性が上司になって文化が生み出されて初めてわかる変化でしょう。

　ノルウェーでも、材料科学や工学を選択する女性はまだまだ少ないものの、ノルウェー経済に占める石油・ガス産業の大きな役割を考えると、これらの分野の女性は、就職したり、仕事を継続したりしていく上で有利な環境にいます。

　ノルウェーのエンジニアのうち、女性が占める割合は、19.7％で、アメリカ、イギリス、オーストラリアの約2倍と言われています。企業の取締役会における女性の役割は大きく、組織文化の変化にも世界的に期待がかかっています。ノルウェーと同じようなクオータ制度は、2007年にはスペインで導入され、続いてアイスランド、イタリア、ベルギー、オランダでも導入されました。

欧州連合（EU）委員会データによれば、企業の取締役会に占める女性の割合は、2014年時点で18.6％に上昇しています。そしてこの動きは、ヨーロッパだけではなく、世界的なものとなりつつあります。いまでは、マレーシアやブラジルでもクオータ制度が導入されています。

さらに進められる女性研究者支援

　以上、見てきたように、21世紀に入り、たくさんの取り組みが、政府諸機関や企業を中心に進められています。そして、これら多くの理工系女性への支援は、日本ではJSTが実施してきています。JSTは、文部科学省所管の国立研究開発法人で、おもな役割は競争的研究資金を配分することですが、男女共同参画推進計画（第1期2007〜11年、現在は、2012〜16年）を策定して、男女共同参画を推進しています[28]。

　JSTに男女共同参画室が設置されたのは、2006年4月で、同時に、男女共同参画主監（初代：米沢富美子　慶應義塾大学名誉教授、2代目：小舘香椎子［著者］）と、男女共同参画アドバイザリーコミッティが配置されました。

第3章 広がる理工系女性への支援:理工系女性が活躍できる日本へ

　ここで進められてきた女性研究者支援は、単に女性の数を増やすということだけではなく、研究の水準や研究者個人のニーズを見きわめ、配慮することも重視してきました。JST事業における女性研究者の参加を増やす取り組みや、男女共同参画の趣旨を踏まえた事業運営、科学技術をめざす青少年を増やす取り組みや、研究と家事・育児の両立支援も行っています。たとえば、JSTの研究プロジェクトにかかわっている研究者が、ライフイベント（出産、育児や高齢者の世話）に直面した場合、その支援も提供しています[29]。

　JSTの男女共同参画室は、2014年4月から、ダイバーシティ推進室（室長：渡辺美代子）と名称を変えて、「女性研究者の活躍促進タスクフォース」が女性研究者支援に携わっています。

　本当の意味での成果が出てくるのはこれからですが、理工系女性が直面し、言わば、個人の問題とされてきた多くの問題を組織や社会を挙げて取り組むようになったことは大きな変化です。

コラム

女性研究者支援の輪を広げ、支えた
学会（学術研究団体）における男女共同参画の推進

　女性研究者支援のさまざまな取り組みは、研究者の団体である学術研究団体（学会）の動きに始まり、その輪を広げていきました。

　理工系分野の広い範囲をカバーする学術研究団体（学会）の1つである公益社団法人応用物理学会は、日本の学術研究団体の中で、最も早く男女共同参画委員会を設置しました。応用物理学会は、約2万1千人の会員のうち約35％が民間企業、約50％が大学、約8％が公立研究機関の所属で、企業の研究者・技術者の比率が高いのが特徴です。2001年当時、女性の会員はわずかに4％で、その存在が見えにくかったのが実情でした。しかし、社会に大きな影響を与えることができる学術団体であることを認識し、「女性研究者ネットワーク準備委員会」を発足させ、女性研究者の「見える化」を進めました。準備会の設置に際しては設置の必要性への疑問や否定的な意見も多く出されましたが、活発な議論が交わされる中で、女性が研究を継続するためには、解決すべき多くの課題があることがわかってきました。そして、2001年7月、女性の持つ価値観を取り入れ、男女がともに充実して生きながら、能力を発揮できるような社会を協力して築き上げる意味を込めた「男女共同参画委員会」が、日本の学会として初めて正式に理事会の承認を得て発足しました。

委員会は、その後も、広く学会の内外で啓蒙活動を行い、男女共同参画の推進と女性研究者の活動機会の拡大のための意識改革に努めてきました[30]。

委員会活動が開始されてから5年目の2006年に初めて女性の副会長（理事）1人が選ばれ、14年目の2015年になって、女性理事がようやく3人になりました。一方で、2006年度に導入されたフェロー制度（学会を代表するのに適した研究者を選定する制度）で、2015年7月までに選ばれたフェロー339人のうち、女性会員はわずか7人（2%）です。これだけを見ると、まだまだ、という評価になるかもしれませんが、この男女共同参画委員会の活動を推進してきた委員の中からリーダーとして羽ばたいていった人たちが何人もいます。企業・研究機関の研究者から大学教授、科学技術振興を行う機関の執行委員、国立・私立大の専任教授となって、ロールモデルとしても活動を続けています。

いまでは、応用物理学会の後に続いて、いくつもの学会で男女共同参画委員会が設置されています。男女共同参画を着実に、力強く、継続的に推進していくためには、女性研究者も、自ら科学技術分野で活躍するための連携と質の向上をはかり、リーダーシップをとる積極性を持つことも期待されているということでしょう。

また、学会での男女共同参画を推し進めていくためには、各学会の単独での活動では課題が多く、限界もあるため、2002年10月には、応用物理学会、日本物理学会、日本化学会という会員

数の多い3学会が中心となり、理工系の学術学会・協会の連合団体である「男女共同参画学協会連絡会」を設立しました。設立の目的は、男女共同参画と社会貢献です。2002年設立時点での正規加盟学協会は18、オブザーバーは13の計31団体が登録されています[31]。

初年度は、応用物理学会が幹事学会を引き受け、その後の日本物理学会、化学会へと引き継がれていきました。設立14年目を迎えた2016年度には、正規加盟学協会は53、オブザーバー学会は37と、理工系学協会を縦断する大きな組織に成長しています。

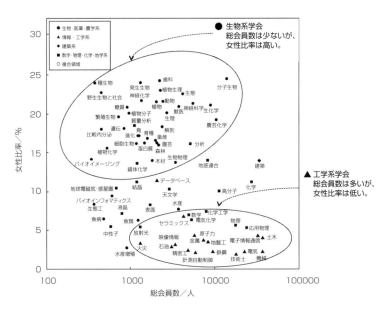

図　「学協会連絡会」所属学会における女性研究者比率
（男女共同参画学協会連絡会, 2013.[32] より筆者作成）

上図に示すように、応用物理学会、日本物理学会、機械学会、化学会などの、会員数は多いが女性の比率が大変低い学会から、日本生理学会、日本動物学会など生物系の会員数はあまり多くないが女性の比率は高い、という学会までさまざまです。この学協会連絡会は、個々の学会・協会の連携やシンポジウムなどの活動を進めてきました。

　活動の中で、文部科学省の委託を受けて2002年に行った大規模アンケートは、その後の政策転換に影響を与える大きな役割を担いました。

　『21世紀の多様化する科学技術研究者の理想像―男女共同参画推進のために―』と題されたアンケートの目的は、科学技術専門職が置かれている現状を把握し、課題を抽出して提言をまとめることでした。連絡会の会員数40万人のうち、約2万人（そのうち女性研究者の比率は16.1%）というきわめて広範囲の研究者・技術者から回答を得ました。

　この結果、
①育児休暇など、仕事と家庭の両立に必要な休業を取得できる環境作り
②採用・昇進などの評価に際し、性別による区別の排除
③各種の任期制ポストにおける年齢制限の撤廃
④非常勤職の研究者に対する研究助成制度の拡充
の4項目が提言されました。この調査報告書は、参加学協会を

通じて配布され、インターネット上にも公開、また英文にも翻訳されています[33]。

さらに、このアンケート調査結果は、学協会を超えて広く社会の注目を集めました。男女共同参画を推進する政府の諸政策の基礎データとしても活用されて、女性研究者支援事業の本格的な取り組みを開始するための重要な役割を果たすこととなりました。内閣府が発行した男女共同参画白書（2005年度版）が、このアンケート結果をもとに、科学技術分野における助成の状況を取り上げて、この分野での女性の参画が不十分であると指摘した頃から、政府の取り組みが具体的に動き出したのです。

学協会連絡会の活動は、その後の「女性研究者支援モデル育成事業」をはじめ、国による理工系女性研究者の積極的な支援策への道を拓いたと、当時の内閣府男女共同参画局の板東久美子局長（前消費者庁長官）が述べています。

本章では、理工系女性の活躍を推進する枠組み作りや支援体制の現状について、海外の事情も含めて触れました。次章では、活躍する理工系女性の声や多様化するキャリアについて具体例を挙げながら紹介します。

第3章　広がる理工系女性への支援：理工系女性が活躍できる日本へ

参考文献

1) 鹿嶋敬：男女共同参画の時代，岩波書店，2003．
2) 日本経済新聞：男性の育休促進へ助成金，女性に託児付き職業訓練，2015年9月23日．
3) NPO法人ファザーリングジャパン：http://fathering.jp/
4) 2010年8月25日付，朝日新聞，日本経済新聞，毎日新聞，日刊工業新聞ほか．ただし，長年，文系・理系という二分類が適切なのか，理工系には男性が多いために年収も高くなっているのではないか，といった意見もあり，単純化しては語ることができない問題です．
5) 武田安恵：加熱する「リケジョ」争奪戦，日経ビジネスOnline，2013年12月25日．
6) 科学技術振興機構 理数学習推進部：スーパーサイエンスハイスクール https://ssh.jst.go.jp/
7) http://www.jst.go.jp/cpse/jyoshi/
8) 国立女性教育会館：「女子中高生夏の学校2015」実施報告，2015．http://www.nwec.jp/jp/program/invite/2015/page03s.html
9) 宇宙航空研究開発機構：宇宙航空の未来を拓く女性たち ロールモデル集，2014．http://stage.tksc.jaxa.jp/geoffice/carrier/pdf/womenjaxa_2014.pdf
10) 文部科学省 科学技術・学術審議会 研究計画・評価分科会研究開発評価部会，2012．「科学技術振興調整費プログラム評価報告書」も参照してください．http://www.mext.go.jp/a_menu/jinzai/hyouka/__icsFiles/afieldfile/2013/01/25/1329874_03_1.pdf
11) お茶の水女子大学：お茶大インデックス．http://www.cf.ocha.ac.jp/cosmos/ochadaiindex.html
12) 京都大学女性研究者支援センター編：京都大学男女共同参画への挑戦，明石書店，2008．日本女子大学「女性研究者マルチキャリアパス支援モデル」プロジェクト編：サイエンスに挑む女性像，アドスリー，2009．など．
13) 日本学術振興会：特別研究員―RPD制度の概要．https://www.jsps．

go.jp/j-pd/rpd_gaiyo.html
14) WISE：WISEの歴史．https://www.wisecampaign.org.uk/about-us/history
15) 小舘尚文：イギリスにおける女性科学者支援，2007．／ 小舘香椎子編著：光できらめく女性たち，2007．／Kodate, et al.：Mission completed? Changing visibility of women's colleges in England and Japan and their roles in promoting gender equality in science. Minerva, 48（3）：309-330，2010．
16) The National Archives：Women in Science, Engineering & Technology. http://webarchive.nationalarchives.gov.uk/+/http:/www.dius.gov.uk/science/science_and_society/STEM_skills/women_in_science
17) Equality Challenge Unit：ECU's Athena SWAN Charterについて．http://www.ecu.ac.uk/equality-charters/athena-swan/about-athena-swan/
18) Equality Challenge Unit：Athena SWAN Charter. http://www.ecu.ac.uk/equality-charters/athena-swan/
19) Macdonald, A. and SEPNet：Not for people like me ?, 2014. https://www.wisecampaign.org.uk/resources/2014/11/not-for-people-like-me
20) https://www.wisecampaign.org.uk/resources/2016/04/people-like-me-electronics-pack
21) WISE analysis of Labour Force Survey, April - August 2014. https://www.wisecampaign.org.uk/resources/2015/07/wise-statistics-2014
22) Kodate N and Kodate K：Japanese Women in Science and Engineering: History and Policy Change, London, Routledge, 2015．
23) 黒川清ほか著，日本学術協力財団編：どこまで進んだ男女共同参画，日本学術協力財団，2006．

第 3 章　広がる理工系女性への支援：理工系女性が活躍できる日本へ

24) 日本学術会議 科学者委員会 男女共同参画分科会：提言：学術分野における男女共同参画促進のために，2008. http://www.scj.go.jp/ja/info/kohyo/pdf/kohyo-20-t60-8.pdf
25) 学術会議：報告：学術における男女共同参画推進の加速に向けて（第2回アンケート），2011. http://www.scj.go.jp/ja/info/kohyo/pdf/kohyo-21-h133-2.pdf　報告：学術分野における男女共同参画促進のための課題と推進策（第3回アンケート），2014. http://www.scj.go.jp/ja/info/kohyo/pdf/kohyo-22-h140930-1.pdf
26) 朝日ウェブ論座：北欧で母親教授が多いわけ：本当の意味での家庭との両立が、研究の発展につながる，2015 年 3 月 16 日．
27) Saini A : Norway's materials scientists are cracking the glass ceiling, Materials Research Society/ MRS Bulletin, 6 January 2015. https://www.cambridge.org/core/journals/mrs-bulletin/article/norways-materials-scientists-are-cracking-the-glass-ceiling/8DB7B1F7EF772C3D80D25F7EDF32E2B9
28) 科学技術振興機構 女性研究者の活躍推進 タスクフォース：「女性研究者の活躍推進」に関する中間取りまとめ，2014. http://www.mext.go.jp/b_menu/shingi/gijyutu/gijyutu10/siryo/__icsFiles/afieldfile/2014/09/04/1351755_02.pdf
29) 科学技術振興機構：出産・子育て等支援制度．http://www.jst.go.jp/gender/boshu.html
30) 小舘香椎子：応用物理学会における人材育成・男女共同参画の今までとこれから，応用物理，76 (8)：919-924，2007．
31) 男女共同参画学協会連絡会：http://www.djrenrakukai.org/index.html
32) 男女共同参画学協会連絡会：連絡会加盟学協会における女性比率に関する調査，2013．
33) 男女共同参画学協会連絡会：男女共同参画学協会連絡会アンケート調査（2003 年度）．http://www.djrenrakukai.org/2003enquete/index.html

第4章 多彩な道を拓く理工系女性たち

理工系女性は、時代の要請も伴い、着実に増えてきています。そして、活躍する女性たちが目に見えるようになってきています。同時に、女性も働き続けることが経済力だけではなく、自己実現とも結びついて、社会に受け入れられるようになってきたことで、理工系女性のキャリアパスもますます多様化して活躍の場が広がっています。

ここでは、そんな多彩な道を拓く理工系女性や彼女たちの声を紹介します。

多様化する理工系女性のキャリアパス

理工系女性のキャリアパスが大変多様になってきているということを示す事例として、理工系出身の 24 人のロールモデルを紹介します[1]。彼女たちは、現役として活躍し、さまざまな研究領域や社会におけるリーダー（または将来のリーダー候補）です。あなたが思い描くようなキャリアパスを歩んでいる人もいるかもしれません。

ここで紹介するロールモデルは、序章で述べた「理工系の 4 つの楽しさ」1）作る楽しさ、2）発見する楽しさ、3）伝える楽しさ、4）共有する楽しさ、で例として挙げた職種をほぼ網羅しています。さらに、同じ職種であっても、そこに辿り着くキャリアやライフイベントの時期などは実に多様です。

男女雇用機会均等法は、日本において、専門性を持った女性が

リーダーをめざして働くという意味での一里塚となった法律ですが、このロールモデルの中には、法律の施行前に就職して、キャリアを継続してきた方々も4人います。それぞれ異なるキャリアを選択していますが、リーダーとして後継者育成も行っています。

　企業から研究所への転職、理工系から文科系へのいわゆる文転、サイエンスコミュニケーターや海外留学生から大学の研究者の道へ、といったキャリア（やキャリアパス）がまだまだ珍しかった頃のパイオニアもいます。企業から大学に転出した人が2人いますが、その後のキャリアパスは異なっています。これまで、企業出身で大学教授になった男性は、数多くいましたが、女性としてはまだとても珍しいケースです。今後はもっと増えていくことでしょう。

　企業での勤務を継続される人も続々と出てきて、業種も、IT系企業のシステムエンジニア（SE）から、総合電気メーカーの研究所の研究員を経て、知財担当、そして、電気機器メーカーの中でも農

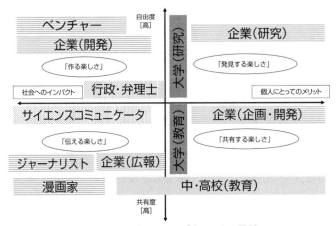

図4-1　理工系の4つの「楽しさ」と職種

業に特化したグループの研究リーダーをする人など多岐にわたっています。

　修士号や博士号を取得した人でもその後は、中学・高校の理数系教員の道を選ぶ人もいますし、大学教員になる道も、他大学院で博士号を取得後、パーマネントポスト（終身雇用職）を得た人や、大学・研究機関における任期制職員を経てから、パーマネントポストに就くといった人までさまざまです。

　また、理工系を卒業後、科学技術行政官になったり、理系漫画家やジャーナリストになったりして、理工系の知識を活かしながら、科学技術の面白さや必要性を世の中に広く発信する領域で活躍中の女性たちもいます。

　企業で、研究・開発に取り組み、ワーク・ライフ・バランスをとりながら、グループリーダーを務める女性も何人もいますし、同じく企業で働きながら、研究の道に進むか否かを迷った末に（弁理士や弁護士などの）資格を取りながら、活躍している人もいます。

　こうした女性たちの生き方を見てみると、「継続」は、続けて働くということだけを意味していないこともわかります。多くの人たちが、継続して学び続けています。

　企業からの派遣という形で社会人入学し博士号を取得した人もいますし、それまでの専門とは異なる分野で修士や博士課程で学んでいる人もいます。また、博士の学位を取得しても、研究者の道しかないということでは決してなく、特許事務所に入ったり、大学

で研究をする傍ら、ベンチャー企業を立ち上げたりした人もいます。女性らしさを活かして、社会と科学技術の接点をつなぐ役割は、ベンチャー企業の創業を通じても可能ですし、理数系の教員やサイエンスコミュニケーターといったとても大切な職業を通じても担えるのです。

　ロールモデルの図には、それぞれの方々の、読者に向けたメッセージも書いてもらいました。メッセージから伝わってくるのは、個人個人の並々ならぬ努力と情熱と、ご家族や上司など周囲の方々のサポートがあって、今日の継続があるということです。時代や社会の変化とともに、理工系女性の夢や活躍の場が広がってきていることも伝わるのではないかと思います。今後、理工系女性は、数が増えるばかりではなく、そのキャリアパスもより一層多彩になっていくことでしょう。

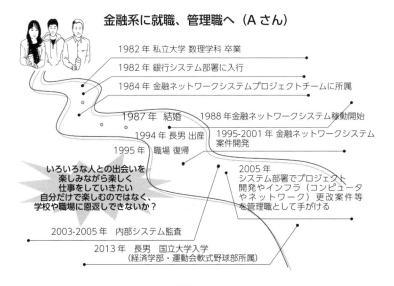

ネットワーク技術の変遷と共に成長（Bさん）

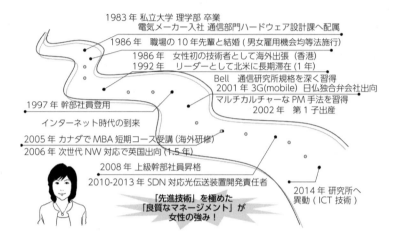

企業で博士号を取得し、大学教員に（Cさん）

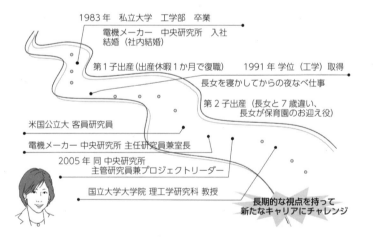

理工系学部から文科系大学院、研究者へ（Dさん）

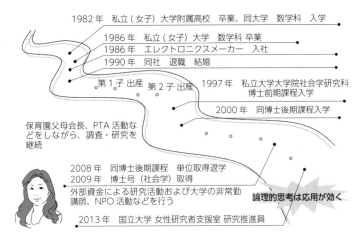

留学のために来日、国立大学教員に（Eさん）

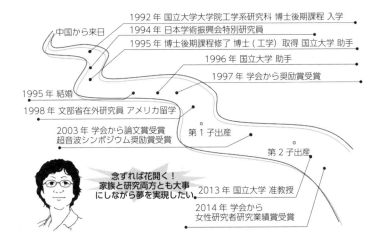

第4章　多彩な道を拓く理工系女性たち

研究から環境コミュニケーションの道へ（Fさん）

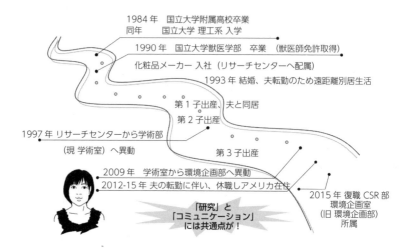

企業に勤務後、博士号を取得し大学教員に（Gさん）

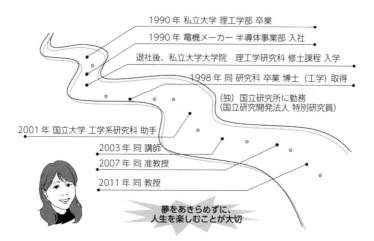

IT企業に従事（Hさん）

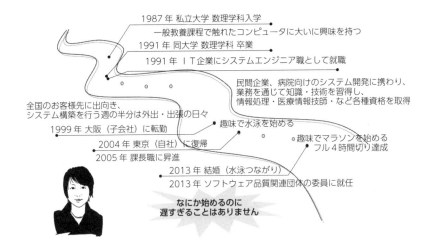

- 1987年 私立大学 数理学科入学
- 一般教養課程で触れたコンピュータに大いに興味を持つ
- 1991年 同大学 数理学科 卒業
- 1991年 IT企業にシステムエンジニア職として就職
- 民間企業、病院向けのシステム開発に携わり、業務を通じて知識・技術を習得し、情報処理・医療情報技師・など各種資格を取得
- 全国のお客様先に出向き、システム構築を行う週の半分は外出・出張の日々
- 1999年 大阪（子会社）に転勤
- 趣味で水泳を始める
- 2004年 東京（自社）に復帰
- 2005年 課長職に昇進
- 趣味でマラソンを始める フル4時間切り達成
- 2013年 結婚（水泳つながり）
- 2013年 ソフトウェア品質関連団体の委員に就任

なにか始めるのに遅すぎることはありません

総合電機メーカーの研究所から知財担当に（Iさん）

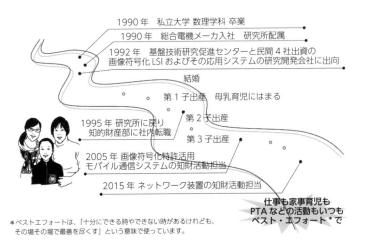

- 1990年 私立大学 数理学科 卒業
- 1990年 総合電機メーカ入社 研究所配属
- 1992年 基盤技術研究促進センターと民間4社出資の画像符号化LSIおよびその応用システムの研究開発会社に出向
- 結婚
- 第1子出産　母乳育児にはまる
- 1995年 研究所に戻り知的財産部に社内転職
- 第2子出産
- 第3子出産
- 2005年 画像符号化特許活用モバイル通信システムの知財活動担当
- 2015年 ネットワーク装置の知財活動担当

仕事も家事育児もPTAなどの活動もいつもベスト・エフォート*で

*ベストエフォートは、「十分にできる時やできない時があるけれども、その場その場で最善を尽くす」という意味で使っています。

理学研究科から教員の道へ（Jさん）

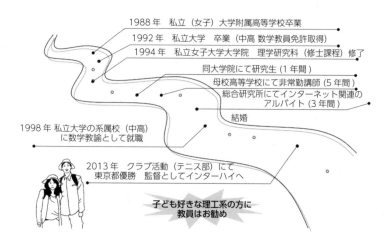

- 1988年　私立（女子）大学附属高等学校卒業
- 1992年　私立大学 卒業（中高 数学教員免許取得）
- 1994年　私立女子大学大学院 理学研究科（修士課程）修了
- 同大学院にて研究生（1年間）
- 母校高等学校にて非常勤講師（5年間）
- 総合研究所にてインターネット関連のアルバイト（3年間）
- 結婚
- 1998年 私立大学の系属校（中高）に数学教諭として就職
- 2013年　クラブ活動（テニス部）にて東京都優勝　監督としてインターハイへ

子ども好きな理工系の方に教員はお勧め

4つの任期付職を経て大学教員へ（Kさん）

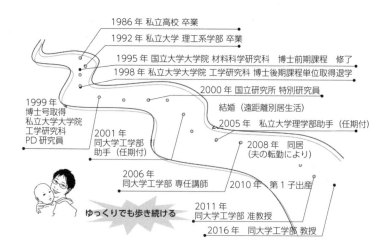

- 1986年 私立高校 卒業
- 1992年 私立大学 理工系学部 卒業
- 1995年 国立大学大学院 材料科学研究科 博士前期課程 修了
- 1998年 私立大学大学院 工学研究科 博士後期課程単位取得退学
- 2000年 国立研究所 特別研究員
- 1999年 博士号取得 私立大学大学院 工学研究科 PD研究員
- 結婚（遠距離別居生活）
- 2001年 同大学工学部 助手（任期付）
- 2005年　私立大学理学部助手（任期付）
- 2006年 同大学工学部 専任講師
- 2008年 同居（夫の転勤により）
- 2010年　第1子出産
- 2011年 同大学工学部 准教授
- 2016年　同大学工学部 教授

ゆっくりでも歩き続ける

企業の応用研究に従事（Lさん）

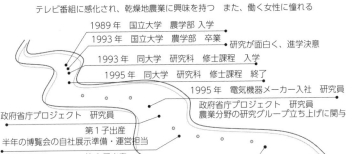

テレビ番組に感化され、乾燥地農業に興味を持つ　また、働く女性に憧れる
1989年　国立大学　農学部　入学
1993年　国立大学　農学部　卒業
研究が面白く、進学決意
1993年　同大学　研究科　修士課程　入学
1995年　同大学　研究科　修士課程　終了
1995年　電気機器メーカー入社　研究員
政府省庁プロジェクト　研究員
農業分野の研究グループ立ち上げに関与
政府省庁プロジェクト　研究員
第1子出産
半年の博覧会の自社展示準備・運営担当
第2子出産
第3子出産
電気機器メーカー　中央研究所
農業グループリーダー政府省庁プロジェクト研究員

夫＆子の協力と、仕事と家庭のバランス維持が長続きの秘訣？

大学教員の道へ（Mさん）

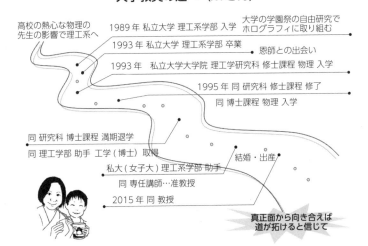

高校の熱心な物理の先生の影響で理工系へ
大学の学園祭の自由研究でホログラフィに取り組む
1989年　私立大学　理工系学部　入学
1993年　私立大学　理工系学部　卒業
恩師との出会い
1993年　私立大学大学院　理工学研究科　修士課程　物理　入学
1995年　同　研究科　修士課程　修了
同　博士課程　物理　入学
同　研究科　博士課程　満期退学
同　理工学部　助手　工学（博士）取得
私大（女子大）理工系学部　助手
結婚・出産
同　専任講師…准教授
2015年　同　教授

真正面から向き合えば道が拓けると信じて

第4章　多彩な道を拓く理工系女性たち

大学院から団体職員に（Nさん）

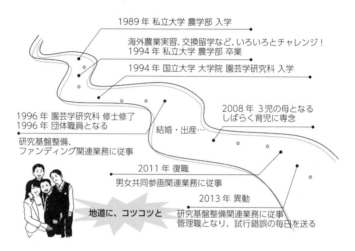

- 1989年 私立大学 農学部 入学
- 海外農業実習、交換留学など、いろいろとチャレンジ！
- 1994年 私立大学 農学部 卒業
- 1994年 国立大学 大学院 園芸学研究科 入学
- 1996年 園芸学研究科 修士修了
- 1996年 団体職員となる
- 研究基盤整備、ファンディング関連業務に従事
- 結婚・出産…
- 2008年 3児の母となる しばらく育児に専念
- 2011年 復職 男女共同参画関連業務に従事
- 2013年 異動 研究基盤整備関連業務に従事 管理職となり、試行錯誤の毎日を送る

地道に、コツコツと

研究職から高校教員の道へ（Oさん）

- 1991年 私立（女子）大学附属高校 卒業 同大学入学
- 1995年 私立（女子）大学家政学部家政理学科Ⅰ部物理系 卒業
- 1997年 国立大学大学院工学系研究科修士課程 修了
- 2000年 国立大学大学院工学系研究科 博士号（工学）取得、結婚
- 2000年 国立研究機関招聘研究員 第1子出産
- 2003年 私立大学附属高等学校 物理専任教諭
- 第2子出産
- 第3子出産
- 第4子出産

自分にしかできない重要な使命を感じて

学部卒でものづくりの現場に（Pさん）

物理学科から出版の世界へ（Qさん）

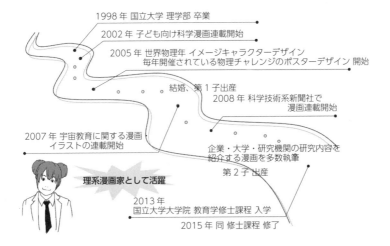

第4章 多彩な道を拓く理工系女性たち

あえて学部卒から弁理士に（Rさん）

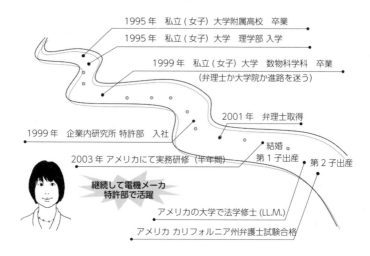

理工系を活かして報道の現場へ（Sさん）

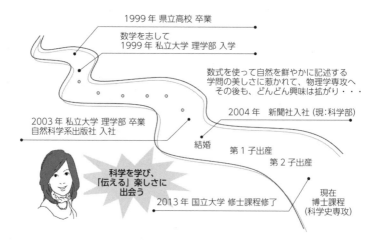

研究から起業・事業化を経験し、大学教員へ（Tさん）

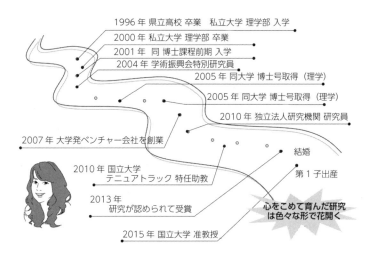

- 1996年 県立高校 卒業　私立大学 理学部 入学
- 2000年 私立大学 理学部 卒業
- 2001年 同 博士課程前期 入学
- 2004年 学術振興会特別研究員
- 2005年 同大学 博士号取得（理学）
- 2005年 同大学 博士号取得（理学）
- 2010年 独立法人研究機関 研究員
- 2007年 大学発ベンチャー会社を創業
- 結婚
- 2010年 国立大学 テニュアトラック 特任助教
- 第1子出産
- 2013年 研究が認められて受賞
- 2015年 国立大学 准教授

心をこめて育んだ研究は色々な形で花開く

専門を活かして知財の道へ（Uさん）

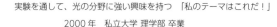

- 実験を通して、光の分野に強い興味を持つ 「私のテーマはこれだ！」
- 2000年　私立大学 理学部 卒業
- 2002年　私立大学 理学研究科 博士課程前期 修了
- 就職活動をするも、研究を続けたいという自身の思いに気付き、進路変更
- 2002年　同 博士課程後期 入学
- 2005年 同大学 理学研究科 学位（理学）取得 私立大学理学部数物科学科助手
- 2010年　国際特許事務所に転職 やりがいを感じながら新たな分野にチャレンジ！
- 結婚
- 第1子出産

心底魅かれた光というテーマと大切に思う人々とのつながりが道を切り拓き、チャンスをもたらす

第 4 章　多彩な道を拓く理工系女性たち

博士号取得後、企業研究所へ（V さん）

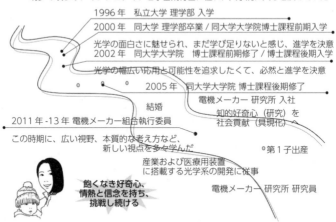

幼少の頃よりアインシュタインと宇宙飛行士に憧れ、大学院に入ると決めていた
1996 年　私立大学 理学部 入学
2000 年　同大学 理学部卒業／同大学大学院博士課程前期入学
光学の面白さに魅せられ、まだ学び足りないと感じ、進学を決意
2002 年　同大学大学院　博士課程前期修了／博士課程後期入学
光学の幅広い応用と可能性を追求したくて、必然と進学を決意
2005 年　同大学大学院　博士課程後期修了
電機メーカー 研究所 入社
知的好奇心（研究）を
社会貢献（具現化）へ
結婚
2011 年 -13 年 電機メーカー組合執行委員
この時期に、広い視野、本質的な考え方など、新しい視点を多々学んだ
第 1 子出産
産業および医療用装置に搭載する光学系の開発に従事
飽くなき好奇心、情熱と信念を持ち、挑戦し続ける
電機メーカー 研究所 研究員

企業研究所在職中に博士号（社会人）を取得（W さん）

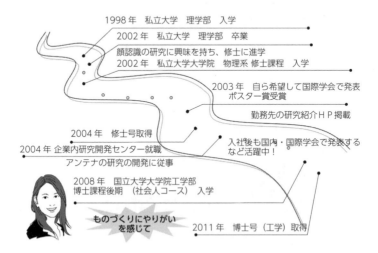

1998 年　私立大学 理学部　入学
2002 年　私立大学 理学部　卒業
顔認識の研究に興味を持ち、修士に進学
2002 年　私立大学大学院　物理系 修士課程　入学
2003 年　自ら希望して国際学会で発表
ポスター賞受賞
勤務先の研究紹介ＨＰ掲載
2004 年　修士号取得
2004 年 企業内研究開発センター就職
アンテナの研究の開発に従事
入社後も国内・国際学会で発表するなど活躍中！
2008 年　国立大学大学院工学部
博士課程後期　（社会人コース）入学
ものづくりにやりがいを感じて
2011 年　博士号（工学）取得

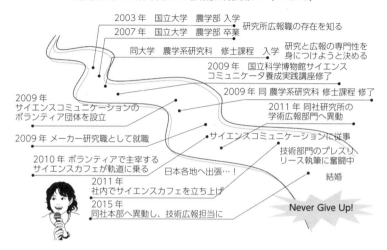

理工系女性の声 —高専の調査結果から—

　国立高等専門学校（高専）は、急速に成長する工業化に対応するための人材育成機関として1962年に設置され、理工系を中心に12校が開校されました。50年以上にわたって、科学と工学を追求するキャリアを男性と女性の両方に提供してきました。

　就職率が高く、安定的な人気を集めた高専は、全国区でさらに増加していき、1986年の男女雇用機会均等法の施行以降、女性の進学者が増えてきました（図4-2）。

　2000年代に入り、高専出身の女性技術者に焦点をあてた実態調査が行われ、また、サポート体制も徐々に築かれてきています。2012年には、前述した文部科学省の女性研究者支援モデル育成

第4章　多彩な道を拓く理工系女性たち

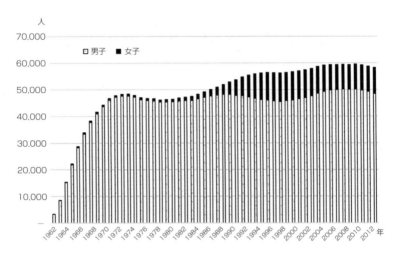

図4-2　高専における女子学生の割合（1962〜2013年）
（国立統計局Webサイトを基に筆者作成）

の事業対象に、国立高専機構（全国55校）が選定されました。

ここでは、高専の教員を中心に、2007〜09年に実施された『女性技術者のキャリア形成過程に関する調査研究報告書』（内田由理子ほか、科学研究費補助金基礎研究（C-1）、2010年）[2]をもとに、世代別に見た女性技術者の働き方の違いに焦点をあてて紹介します（表4-1）。

学校基本調査に基づく就職率で見ると、短大・大卒の女子、高専の女子ともにピークは、1992年（高専87.6％、大卒80.4％）で、10年後の2000年代には、高専60.1％、大卒58.8％に落ち込んでいます。これは高専卒女子の就職先のトップが、鉱化学系企業から、情報処理系企業（電気・通信を含む）へと変わった時期

表4-1　高専女子卒業生57人の職種内訳[2]

	高専卒	進学者	合計
研究開発	1	1	2
開発設計	21	4	25
SE（システムエンジニア）	4	0	4
生産・品質管理	1	0	1
施工・施工管理	1	0	1
サービスエンジニア	2	0	2
営業	2	0	2
船長	1	0	1
監督	0	1	1
環境・管理	3	0	3
総合職	4	0	4
技術専門職	4	0	4
技術事務	3	0	3
その他	4	0	4
合計	51	6	57

と重なります。

　研究報告書では、仕事の継続・転職や職種についても、世代間の違いを分析しています。たとえば、初めて得た職の継続率を見ると、40代で28.6%、30代で78.1%（進学者を含めると76.3%）と違いがあります。

　対象者は、高専女子卒業生、現就労者の中から、現在も技術職にある女性57人、技術者から転職して現在は異業種の5人、無職の2人（計64人）です。現在も技術職にある女性57人のうち進学した人は6人います。

　勤務先別で見ると、企業（40人）、自営業・設計事務所（11人）、

公務員（4人）、教育（2人）となっています。この調査は、30〜64歳までが調査対象で、男女雇用機会均等法施行（1986年）、バブル経済時代（1986〜91年）を境界とする3つの世代に区分した分析がなされている点でとても興味深いものです。

①第1世代（45歳以上：8人）：「女性で初めて」（例としては、職場で初めて育児休暇を取得するなど）を経験してきたフロンティア世代で、高専の在籍者数に占める女子の割合も1〜3%台ときわめて珍しい存在でした。当然、施設にも、女性用トイレなどがないような時代でした。第1世代は、全員が転職を経験していて、その理由が、ワーク・ライフのうちのライフ（結婚、出産、配偶者の転勤、家族の扶養・介護）イベントでした。たとえば、4回転職をした人が参加者にいましたが、4回のうち3回は、夫の仕事の都合でした。また、世代として見れば、転職して最終的に「自営業」を営むようになった人が8人中5人もいました。

②第2世代（40〜44歳：11人）：男女雇用機会均等法の施行とバブル経済の時期に社会に出た世代で、企業求人数はうなぎのぼりでした。女子学生でも売り手市場、そして、バブル崩壊後のリストラ時代もやり過ごしてきた世代です。子育ての社会整備も整い始めた過渡期の世代で、企業の制度を活用し、家庭と職場の両立をはかってきた最初の世代だと言えます。この

時期、高専にも、情報工学科が設置されて、女子の在籍者も、1985年の3.7％から、1990年には7.7％と倍増しました。第2世代になると、転職経験者が7人、初職継続者も4人となります。転職理由も必ずしも、家族をめぐるライフイベントではなく、体調不良、多忙、業績悪化のリストラ、会社との方針が合わない、といった理由も挙げられていました。高専の卒業生の間では、働き続けることが当然と考える世代になってきていて、転職も、技能や人脈形成などによってヘッドハンティングされる例などもあり、専門性の強さが転職においてはプラスに働いていることがうかがえます。ただし、雇用条件の男女の間での格差や企業内での結婚退職は依然として存在した時代でもありました。また、世間では「女性は家庭を守る」という考え方が主流で、働くことに対しての風あたりは強かった世代でした。社会にある価値観と理工系女性の間の葛藤が激しい時代だったと言えます。

③第3世代（30〜39歳：38人）：バブル経済崩壊後、就職氷河期に採用を勝ち取った世代で、通称「育児法」とも言われる育児休業、介護休業等に関する法律（1991年）、男女雇用機会均等法のセクハラ防止策の企業への義務づけ（1999年）など、女性の社会進出や家庭・仕事の両立に対する法的整備が促進されてきた時代に社会人となった世代です。第3世代になると、転職者が8人いるのに対して、初職継続者は30人にも上って

います。転職理由については、出産・介護を理由に、将来的には転職を考慮する可能性を挙げる人も多かったようです。また、30代の回答者の間には、結婚後の転職・退職を考える人もいる一方で、キャリアアップによる転職を語る人もいたということで、これは、前の2つの世代とは違った傾向です。

2009年の『男女共同参画白書』にも書かれているように、1992年には、共働き世帯が、「夫が働き妻は家庭」という専業主婦世帯を超えました[3]。さらに時を経て、女性が働くことが社会としても当然視されるようになっていくかもしれません。

理工系女性の声 ―海外キャリア組―

JSTロールモデル集『理系女性のきらめく未来』(第3版)[4]に掲載された海外キャリア組は31人いました。そのうち、海外でPh.D.を取得した人と研究員としての勤務経験が1年以上という人のみを数えると、全部で12人(ただし、医療系は除く)でした。分野の内訳は、物理系(4人)、数学系(1人)、化学系(3人)、生物系(1人)、工学系(3人)です。ここでは上記書籍から、海外でキャリアを積んだ理工系女性のロールモデルの海外での体験など要点をまとめて紹介します[1]。

①物性物理学専攻（40代）：お茶の水女子大学教授

【経歴】

お茶の水女子大学→東京大学（博士）→アメリカ研究所フェローなどを経て、お茶の水女子大学教授。

【理工系選択のきっかけ】

大学入学に際し、英語、数学、物理、医学で選択を悩んだが、自然現象に対する「どうして？」への好奇心と、机上ではできない体験をしたいという思いから実験物理学を選択。

【海外経験から得られたこと、日本との違いなど】

研究所には女性研究者も多く、みないきいきと働いていた。海外では、男女間、子どもの有無で、研究生活にそれほど差が見られない。

②素粒子物理学専攻（40代）：フランス研究所研究員

【経歴】

お茶の水女子大学（博士）→フランス研究所（終身研究員）

【理工系選択のきっかけ】

最初から理工系。あたりまえに見える現象の裏に潜んだ不思議に興味を持ったから。

【海外経験から得られたこと、日本との違いなど】

素粒子物理学はどこの国でも女性が少ない分野だが、日本よりもフランスのほうが、出産後働き続ける女性が多い。

③天文学専攻（30代）：アメリカ天文台研究員

【経歴】

お茶の水女子大学→アメリカでPh.D.、アメリカ天文台で勤務

【理工系選択のきっかけ】

受験に際して、自分の関心で物理を選択。親や教師は理工系進学を心配。留学をきっかけに天文学を選択。

【海外経験から得られたこと、日本との違いなど】

学者の世界ではどこでも女性が少ないとは言え、現在の天文台では研究者の半分は女性、副天文台長も女性。差別もないが、甘えもない。

④半導体物性（50代）：JST執行役員

【経歴】

東京理科大学（博士）、国立研究所などを経て、夫と一緒にカナダへ。ポスドク後、電機メーカーユニット総括責任者。現在、JST執行役員。

【理工系選択のきっかけ】

高校の物理実験で、自然現象の神秘さに魅せられた。

【海外経験から得られたこと、日本との違いなど】

日本にはない、思考の自由、とくに女性にとっては大きな差を感じた。自分自身による束縛から解放され、たくさんの大切なこと、本質が見えた。日本ほど女性が苦労している国はないと思う。

⑤数学専攻(50代):日本大学教授

【経歴】

お茶の水女子大学(修士)を経て教員に。結婚を経て、フランス給費留学生に(Ph.D.)。現在、日本大学教授。

【理工系選択のきっかけ】

高校時代の女性の数学の先生の影響。

【海外経験から得られたこと、日本との違いなど】

フランスには女性の数学者が多いと感じた。学問の世界標準が日本だけにいると見えにくいと思う。

⑥材料科学専攻(60代):東北大学教授

【経歴】

お茶の水女子大学→東京大学、アメリカでポスドクなどを経て、東北大学教授。

【理工系選択のきっかけ】

文学部を受験しようと思ったところ、両親から専門性を身につけるべきだというアドバイスで化学を選択。実験に魅せられた。

【海外経験から得られたこと、日本との違いなど】

1980年代のアメリカでのアファーマティブアクション(社会的・構造的な差別によって、不利益を受けているグループに対し、雇用、教育などを保障する積極的な優遇措置)に出会い、女性研究者とネットワーク作りができた。リーダーとなった彼

女たちに鼓舞された。

⑦被服学専攻→高分子材料専攻（50代）：立教大学教授

【経歴】

お茶の水女子大学（修士）、助手の時に結婚。夫についていったアメリカで研究員に。その後、東京工業大学で博士号を取得。現在、立教大学教授。

【理工系選択のきっかけ】

祖父、父も化学者という家系。アメリカで15年間子育てをしながら積み上げた結果が、研究者への道だった。

【海外経験から得られたこと、日本との違いなど】

大学院進学に際して、結婚相手がいるかどうかを尋ねられた日本と、アメリカでは大違いだった。「女性、妻、母」ではなく「1人の人間」としてどうありたいのかを考えた。

⑧海洋学専攻（40代）：東京海洋大学准教授

【経歴】

北海道大学（博士）、アラスカ大学へ。カナダでも研究員。東京海洋大学准教授。

【理工系選択のきっかけ】

小学校の時に見た、ノルウェーの景色がきっかけで、北国へ！

【海外経験から得られたこと、日本との違いなど】

カナダの船に乗って女性の多さに驚いた。カナダの国立大学でのダイバーシティへの配慮、仕事・生活のバランス感覚。プロジェクトリーダーも女性だった。

⑨分子発生学専攻（60代）：中部大学教授

【経歴】

千葉大学（化学）、企業の研究所を経て結婚。夫と一緒にアメリカへ。そこで研究員となり、帰国後、東京大学で、農学博士。中部大学教授。

【理工系選択のきっかけ】

理工系希望は最初から。生化学が専攻できる大学（千葉）を選んで受験。企業の研究所に就職した。夫とともにアメリカに行き、そこでの研究生活をもとに博士号を取得。

【海外経験から得られたこと、日本との違いなど】

世界中のトップが集まる環境で「動く遺伝子」（1980年）に参加して、大きな刺激を受けた。アメリカのアファーマティブアクションも身近で体験。2人の女性助教授は、学部全体に影響を与えるほどの力強さだった。

⑩ 土木工学専攻（50代）：東京大学生産技術研究所准教授

【経歴】

東京大学土木（学部）、建設会社就職、結婚して、主婦として、タイへ。その後イギリス留学で博士号取得。東京大学生産技術研究所准教授。

【理工系選択のきっかけ】

科学技術の発展にもかかわらず、自然災害に勝てない日本に貢献したいという思いから土木専攻を選んだ。

【海外経験から得られたこと、日本との違いなど】

土木技術者から研究者への転身は留学がきっかけ。年齢、学歴に関係ない評価の仕方に解放感を感じた。日本よりも時間の経過がゆっくりで、物事をじっくり考えることができる環境だった。男女を問わず仕事・生活のバランスがよかった。

⑪ 電磁流体力学専攻（50代）：東京大学教授

【経歴】

筑波大学、東京大学（修士）を経て、アメリカ MIT で Ph.D. → 東京大学教授。

【理工系選択のきっかけ】

小学校の頃、アポロ11号、石油危機など科学技術の凄さ、必要性を感じた。

【海外経験から得られたこと、日本との違いなど】

1980年代末の留学当時でも女子学生は30％もいた。学会の女性も日本とは違っていた。研究・家庭の両立は無理だと思っていたが、アメリカ人を見て改心した。

⑫ **精密機械工学専攻（40代）：東京大学特任助教**

【経歴】

東京大学工学部修士から企業（株式会社日立製作所）へ、早稲田大学で博士号取得。イタリアでポスドク。東京大学グローバルCOE特任助教。

【理工系選択のきっかけ】

医学部への進学を考えていたが、テレビで義手の開発を見て、医用工学に興味を持った。入学時には文科系も考えた。

【海外経験から得られたこと、日本との違いなど】

仕事と生活のバランスのよさ、世界の中の日本という見方を身につけられた。少ないとは言え機械工学の女性の割合は日本ほど少なくはない。女性である性別をよくもわるくも意識していなかった。

女性が求める企業像／企業が求める女性像

最後に、女性が求める企業像、そして企業が求める女性像について、企業への調査結果、そして企業で活躍する女性たちのメッセージを見てみましょう。

第4章　多彩な道を拓く理工系女性たち

▶1．女性にとって働きやすく、活躍できる「優良企業」とは？

　継続して働く女性が増え続ける中、企業はそのブランド力だけでは優秀な人材を集めることができませんし、学生にとっても、これまでのように内定をとったら終わりという安易な感覚だけでは就職先を選べない状況になっています。

　昭和女子大学の女性文化研究所では、女子学生が就職活動で企業を選ぶサポートをするためのツールとして、類型化を作成しています。各企業を「女性が継続して働き続けられるか」「キャリアアップできるか」などの視点で、女性の勤続年数、有休取得率、管理職の女性比率などの16項目で評価したものです。

◇女子大生のための優良企業ランキングの評価の16項目◇

【就業継続・WLB（ワーク・ライフ・バランス）指標】

　①女性の平均勤続年数

　②平均勤続年数の男女差

　③40代と30代の男女計に占める女性比率の差

　④有給休暇取得率

　⑤3歳以上～就学前の子を持つ社員の短時間勤務制度の有無

　⑥同上の社員のフレックスタイム制度の有無

　⑦同上の社員の育児サービス費用補助制度の有無

【キャリア・FW（フレキシブルワーク）指標】

　⑧管理職女性比率

⑨部長職以上の女性比率

⑩役員女性比率

⑪中途採用大卒・修士以上女性比率

⑫女性定着率

⑬男性育休取得者の有無

⑭多様な人材活用部署の有無

⑮フレックスタイム制度の有無

⑯FA制度（社内公募制度）の有無

これら16項目の評価をもとに、企業を3つに分類しています。

(1)"いきいきキャリアウーマン"タイプ：WLBとFWの両方の指標が高い企業

(2)"バリキャリ追求"タイプ：管理職の女性比率や女性の定着率、フレックスタイム制度の有無などを示す『キャリア・FW』が高い企業

(3)"WLB重視"タイプ：『就業継続・WLB』は業界水準を上回っているが、『キャリア・FW』指標は業界の平均を下回っている企業

（朝日新聞、2015年5月20日[5]より）

また、女性が活躍する企業のランキング化も進んできています。たとえば「女性が活躍する会社Best100」は、国内の有力企業4,293社を対象に調査が行われています。ランキングの指標は「管理職登用度」「ワーク・ライフ・バランス度」「女性活用度」「男女均等度」からなり、その結果に基づいて作成した総合ランキングが発表されました。

2016年のランキングで、3年連続1位となったのが、資生堂です。男女ともに育児・介護をしながらキャリアアップできる会社へと変革すべく、女性リーダーの任用と人材育成の強化に取り組む姿勢が評価されたものです。

◇2016年のランキング（トップ10）◇
（順位）

1　資生堂
2　セブン＆アイ・ホールディングス
3　第一生命保険
4　明治安田生命保険
5　JTB
6　全日本空輸（ANA）
7　ジョンソン・エンド・ジョンソン
8　日本生命保険
9　パソナグループ

10　カネボウ化粧品

（日経ビジネスオンライン[6]より）

学生も、企業も、お互いのニーズが合い、末永く、成長していけるような環境や優秀な人材を求めていよいよ競争も激化しているようです。

▶ 2．いま、社会で求められる人材とは
―企業で活躍する理工系女性からのメッセージ―

いま、理工系女性は、さまざまな業界から求められています。ここでは、企業で活躍している理工系女性より寄せられたメッセージから、企業が求める女性像を見ていきます。

▶ A．ICT（情報通信分野）系企業より

当社では、日本だけではなく、世界をフィールドに「人と地球にやさしい情報社会の実現」というビジョンのもと、新しいビジネスを作り上げ、そしてそれを力強く実行していくプロフェッショナルになっていただくことを期待しています。

情熱や志

当社という活躍の「場」を活かして、どんな素晴らしい社会を実現したいのか。既存の枠組みを超えて挑戦し、事業を力強く実行し、最後までやり抜く源は社員一人ひとりの情熱や志です。

プロフェッショナル

　今後ますます社会インフラとしての性格が強くなっていくICTに、責任と誇りを持って携わっていくためには、社員一人ひとりが技術や知識に裏打ちされたプロフェッショナルでなければなりません。

　強いプロフェッショナルを育てるために、私たちは職種を軸とした採用を行い、みなさんの向上心を最大限に応援します。徹底した教育を行い、また、キャリアの節目、節目で自分の進むべき方向性をじっくりと考えてもらいます。

　また、社会ソリューション事業の経験を通じて、あなた自身も大きく成長できると考えています。

　以上が、当社が重視するビジョンや当社が求める人材のイメージですが、私が採用面接を行っていた時に気をつけていた点は、以下の三点です。

　・全体を考えて、自らが行うべきことを進んで実行する
　・ストレスに強い
　・他人と協力して物事を進められる

　理工系であることの優位性は、コンピューターシステム関連の仕事ですので、まず、その基礎的な知識・理解があり、スタートラインのアドバンテージがあるということ。そして、論理的に考

える力が鍛えられているので、さまざまな場面で問題解決への道が近くなるということです。

▶ B．ICT系企業研究所より

みなさんは世界工学会議というものがあることをご存知ですか？通称WECC（World Engineering Conference and Convention）という、世界工学団体連盟（WFEO）が中核となって約4年に1度のペースで開催されている国際会議です[7]。工学のあらゆる分野を横断し、技術の進化と社会への貢献について議論する会議として、2000年に初めてドイツで開催されました。

5回目となった2015年の会議は、11月末から12月初めにかけて国立京都国際会館で行われました。この会議では、女性技術者に焦点をあてたWIE(Women In Engineering)というセッションがあり、多国籍の女性技術者が集まって、いろいろとディスカッションが行われました。ここでは、そこでのテーマの1つとして議論された「ICTにおける理工系女性への期待」を紹介します。

ICT企業では、IBMをはじめ、Facebook、YahooのCEO/COOなど、女性上級管理職も増えてきています。それでも、まだ管理職に挑戦し、踏み出してこない女性たちが多くいること、そもそも候補者になる女性の数が少ないこと（全体の10～20%程度）が課題として挙げられました。

グローバルな大手 ICT 企業で活躍するさまざまな国籍の女性技術者たちの今回の議論から、自己のキャリアで成功をつかむためのポイントには、3つの共通点がありました。

　① Passion：情熱

　② Skill：スキル、技能

　③ Responsibility：責任を果たすこと

です。

　また、出産・育児、介護などのライフイベントでは、パートナーとの協力や、個人個人での工夫によりワーク・ライフ・バランスを維持しているということもわかりました。

　この3つの共通ポイントは、女性や理工系の人材にだけにあてはまることではありませんが、ICT は「人と科学」の接点にあり、これからますます人々の生活に浸透し、あらゆる産業への変革をもたらす源であるため、②のスキルという観点で見ると、理工系（サイエンス）を専攻した人たちにとっては、非常に有利になると思います。また、分野の特徴として、常に Innovative（時代を先取りし、革新的）であることも女性にとっては魅力の1つなのではないかと思います。

▶ C. 電機メーカー研究所より

求められている人材像

　企業研究者の醍醐味は、同じ目標を持つ仲間とともに創造したアイディアを具現化し、システムを構築することで、社会にイノベーションを起こすための一端を担える点です。自身の研究が社会貢献に結びつくことを目指して、日々仕事を推進しています。

　ここでは、現場で働く研究者から見た「求められる人材像」についての見解を述べます。どちらかと言うと、企業研究者としての「心構え」と言ったほうがよいかもしれません。

「仕事にどっぷり打ち込めるほどの、情熱と信念を持つことができる」

　自身が渾身の力を込めて練った発想やアイディアがもとになった研究であればあるほど、情熱を傾けて仕事に打ち込めるでしょう。そして、各人が、自身の信念や強い意志を持って研究を進められる組織では、職場で活発な議論を繰り広げることができます。その結果、よい研究、よいシステムへと結びつきます。各人の個性が光ることで、組織は強くなります。

「仕事を進める過程で生じる困難な課題に対して、ワクワクしながら取り組める」

　困難な課題の中にチャンスがたくさん転がっています。課題に

直面することに楽しさを見出せるかどうかはとても重要です。

「自身の思想、意見、考えを、論理的に人に説明できる」

企業の研究は1人で行うものではありません。必ずチームで、仲間と議論を、または顧客と会話をしながら開発していきます。進捗会議、デザインレビュー、成果報告などの数多いプレゼンテーションの場で、周りにいる人たちにわかりやすく伝えられなければ、どんなに優れた研究内容であっても、価値が下がってしまいます。

「エンドユーザーを見据え、相手の立場に立った技術開発ができる」

技術ありき、ではなく、たとえば、顧客も気がついていない課題を一緒に考えるところから研究を始めることによって、顧客が本当に必要としている技術を提供することができ、ビジネス価値のある研究を作り出すことができます。

研究開発のプロセスは、見つけた課題に対して仮説を立て、実験などで証明する、という流れの繰り返しです。その中で、上で述べたことなどを常に心がけながら、私たちは世界No.1技術の開発を目指して研究をしています。

企業を取り巻く環境の変化は非常に速く、組織体制や研究テー

マ、上司や同僚は常に同一ではありません。そのような中で、グローバルな視点を持って活躍できる人材は、どの企業にも求められているはずです。自身の専門にこだわり、深く掘り下げる能力も重要ですが、それとはまた別に、自分の専門技術を、専門以外の分野へ展開できる能力も、大変重要な能力の1つです。

理工系女性の活躍の場

当社では、女性のキャリア促進を目標として、役員登用および女性管理職の育成に力を入れています。具体的な施策としては「女性リーダーミーティング」「若手女性向けキャリアセミナー」などを開催し、女性自身の意欲や士気を高める環境作りを行っています。これにより、初の女性理事、女性管理職比率（3.7％）を達成しています。研究所でも確実に女性管理職、さらには部長以上の高位職への登用が積極的になされています。

年々ロールモデルが増えてきていますので、自身の意志と覚悟があれば、それを後押ししてくれる土俵ができあがりつつあります。

▶ **D．材料・エレクトロニクス分野系企業より**

当社での技術系女性の採用比率は例年3割弱ですが、そんな技術系女性たちは、学生時代の専攻にとらわれず、さまざまなフィールドで活躍しています。同時に、ビジネスモデルも企業のニーズに応じて早く正確に生産する"受注型"から、企業や生活者の課題解決

策を能動的に提案する「ソリューション型」に変化しています。こうした変化に対応するには生活者視点や豊かな感性が不可欠で、女性社員の活躍がより一層期待されていると言えます。そして、時代の要請にあった製品を開発していくためには、1人の技術者として、論理的に考え、実験を計画・実行していく力が必要でしょう。

一方で、女性のロールモデルが身近に少ないため、キャリアに対して不安を抱く若手社員も多いようです。そこで、当社には、働く上での悩みを先輩社員に気軽に相談できるメンター制度があります。メンターは、各職場より選抜された女性社員で、職場の相談役としてのスキルを習得しながら、幹部社員からマネジメントやリーダーシップを学んでいます。つまり、若手の育成だけでなく、メンター自身の企業人としての成長もめざしています。

女性の視点が活かされた具体例を少し挙げてみます。

たとえば、パッケージ事業では、最近、環境への配慮や使い勝手の向上といった点を重視するメーカーが多く、生活者視点を有する女性技術者によって新たな開発が生まれることも多いようです。日常的に料理をしたり、洗剤を使ったりする女性だからこそエンドユーザーに近い目線で開発を行えることが多く、女性技術者の活躍が期待されています。女性社員が中心となって開発された製品としては、スペースシャトルに搭載された宇宙食のパッケージがあります。従来は、強度や保存性といった機能ばかりが注目されていたのですが、「食事のおいしさ」という点に重きを置いて開

発がさらに進められました。その結果、開発されたパッケージは高く評価されて、日本食品科学工学会から感謝状も授与されました。

▶ E. メーカー系企業より
ものづくりの自動車会社、工場で働く先輩としての経験から

ものづくりは、1人では絶対に実現することはできません。とくに、他部署や社外とのかかわりは大きく、時には100人近いチームを統率します。当社には親よりも年上の方もいれば、高校卒業後に就職をして30年も40年も働いている実務経験度の高い方もいます。このようなチームの各メンバーに指示をし、ものづくりを実現していくのです。

チームを統率するにはコミュニケーション力が大切になりますが、女性は相手の意見を聞き、視野を広く持ちながら上手に調整をする力があると思います。日常生活では常にタイムマネジメントが重要ですし、子育てや介護などもマニュアル通りにいかないですよね。そんな場面でも、臨機応変に対応しながら調整を重ねていく女性は、生まれながらにして、そのような力があるのではないかと日々感じています。

技術力は学生時代に理工系の学問を学ぶことにより、物事を探求し、論理的に考える基礎力がついていますので、こうした能力が業務の内容を問わず活きてきます。しかし、当社においては、これらの力をさらに「自主的に」応用・発展させていけるかどうか

が重要です。

また、グローバル化により外国語でのコミュニケーションはもちろんのこと、お互いの国の多様性を尊重しながらリーダーシップをとり、あらゆる環境で結果を出し続けられる人材がとくに求められています。

当社にも、海外から出張で訪れるスタッフには女性も多くいます。社内でも、海外勤務の希望があるかどうかは、男女を問わず、本人の意思を確認してくれます。女性へのサポートもとても充実していると思います。たとえば、産休前・復職前セミナーの開催や、上司に対するガイダンス・情報の提供、女性の管理職昇進に向けたサポート、社内託児所もあります。そのほか、在宅勤務や時短勤務が可能であることや、休職中のPC貸出、メール閲覧もできるようになっているなど、働く女性、そして、配偶者に対するサポート体制がしっかり整備されています。女性社員、そして、育児・介護に関与している男性にとっても、働きやすい職場環境だと言えます。

作り上げるまでのスケールという意味では、チームも大きく、かなり大規模ではあります。しかし完成したモノや、それを使用しているユーザーを見た時に、チームみんなの顔が浮かんでくる瞬間は、なんとも言えない素晴らしい達成感があります。

▶ F. 金融系企業より

　金融機関という職種の中で、理工系女性は、システムエンジニア（SE）として、高度な専門知識を活かしてシステム部署などを中心に業務に携わっている人が多く、キャリアを積んでいけば管理職として、企画・立案の機能も担っていくことができます。

　金融機関で求められている人材の資質として、大きく分けて2つが挙げられます。

①素養の高さ、理解力、論理的思考力、創造性、柔軟な発想
②真面目さ、協調性、打たれ強さ、関係構築力、粘り強さ

　そして、より具体的な人材という側面からは以下のようなことが挙げられます。

①仕事に対する情熱と誇りを持てる人
②好奇心を持つとともに、他人の意見に耳を傾ける柔軟性、バランス感覚を持つ人─理想を実現する具体策を立案する思考力
③新たな課題に対し、常に挑戦し続ける気概と必要な施策を成し遂げていく実行力を持っている人─具体策を実行に移す勇気と最後までやり遂げる粘り強さ
④専門分野（理工系女性の場合は、システムエンジニア、プロジェクト管理等）における素養の高さ、論理的思考力・分析力、応用力を持ち合わせ、わかりやすい説明ができる人

　また、専門分野の特定職（SE）志望の方と面談する時には、システム部門で働いている人たちと一緒に仕事をするイメージが持

てる人材なのかを考えた上で、
　①ストレスなどに耐えられるよう、心身ともに健康か
　②人の話をよく聞いているか
　③わからないことは「わかりません」と言えるか
　④楽しく仕事ができそうな人か
　⑤人間に関心があるか
などについても見ています。

▶ G. マスメディア業界より

　マスコミという業種は、理工系の方々には縁遠い存在であるかもしれません。しかし昨今、メディアの形態が大きく変わり、誰もが情報を発信できる時代になりました。マスコミ側も、従来の言わば実態のない大衆（マス）相手から、顔の見える個人（パーソナル）を対象とした多様なメディアへと変化することが求められています。情報の受け手が多様化すれば、ニッチな情報に対するニーズも増え、情報を伝える仕事の幅は今後さらに広がると見込まれます。

　こうした背景で「現在、マスコミ業界で最も求められているのが理工系女性である」と言ってもよいと考えています。その理由は、これまで少なく、活用されてこなかった人材であるからです。

　科学技術が生活に溶け込んでいる現代において、あらゆるモノ、コトを語るには理工系の知識が欠かせません。しかも、受け手の半数は女性なのですから、女性の視点で語ることも重要です。

この新聞社（産業系）では現在、新入社員の半数以上が女性です。さらに理工系の大学院を出た若手も増えています。女性はみな、そろって好奇心が旺盛で、貪欲に取材へ出向き、感性豊かな記事を書いています。いわゆる夜討ち朝駆けが求められる部署もありますが、そうでない現場もあります。原稿を書くことが仕事なので、極端に言えば、どこにいてもできる仕事だと言えるでしょう。

　文章力や取材のノウハウは後から身につきます。「社会の問題を追究したい、伝えたい」という気持ちがあるなら、ぜひ一歩を踏み出してみてほしいと思います。

　本章では、時代とともに、理工系女性の活躍の場が大きく広がってきていることを紹介してきました。個人差は当然のことながら、世代によっても異なる傾向が見られ、その背景には1986年以降の社会の変化もありそうです。

　自己実現が可能な環境が整いつつあるとは言っても、ワーク・ライフ・バランスの両立にとって、子育て・介護の負担が多くの女性の肩にのしかかっていることには変わりはなく、日本社会の今後のインフラ整備や価値観の変化もまだまだ必要でしょう。

参考文献
1) Kodate, N and Kodate, K : Japanese Women in Science and Engineering: History and Policy Change. London, Routledge, pp.121-24, 2015. 本章で紹介したロールモデルの何人かを紹介して

います.
2) 内田由理子,角谷英則,浦家淳博,大槻香子,太田智加子,三橋和彦：2007-2009年度 基盤研究（C）女性技術者のキャリア形成過程に関する実証的研究—高専の教育モデルの構築をめざして—
3) 内閣府男女共同参画局：平成21年度男女共同参画白書,第3章 http://www.gender.go.jp/about_danjo/whitepaper/h21/zentai/html/honpen/b1_s03_03.html
4) 科学技術振興機構：JSTロールモデル集 理系女性のきらめく未来 第3版、2011. 第4版はインターネットで閲覧可能：http://www.jst.go.jp/gender/rolemodel.html
5) 朝日新聞2015年5月20日：就活,女子学生の優良企業とは.あなたはどのタイプ？
6) 日経ビジネスオンライン：資生堂が挑む"本音"の女性活用 女性が活躍する会社 2年連続1位企業の進化,2015年5月29日 http://business.nikkeibp.co.jp/article/report/20150528/281748/?rt=nocnt
7) http://www.wfeo.org/events/wecc-2015-world-engineering-conference-and-convention/ 世界工学団体連盟については,http://www.wfeo.org/ を参照してください.

おわりに　光のリレー：いまをつかんで、明日につなげて！

最後に、最近の動向に触れて、まとめとしたいと思います。

日本では、まだまだ数少ない理工系女性ですが、ここ 10 年間のさまざまな取り組みは、数を増やすということを目的としてきただけではありません。男女共同参画のスローガンのもと、意識改革も含めた環境改善を目指して、各界で実に多様な取り組みが精力的に行われてきました。まだまだ端緒についたばかりとも言えますが、変化は確実に起こっています。大学を中心に見られる女性教員の増加や意識変化、出産後に研究職を退く人の割合が減っていることなどはその顕著な例です。

本書では、理工系女性支援の政策や取り組み、理工系女性の声を紹介しながら、日本の理工系女性のこれまでの歩みを振り返り、今後について考えてきました。明治維新直後の急激な近代化や戦後の高度経済成長による需要や環境の変化も、理工系女性たちの人生に直接的、間接的影響をもたらしてきました。そして、政府だけではなく、企業や、大学、学会などのアカデミア、さらに個人やその家族などがこれらの変化に反応する中でここまでの歩みが築かれてきたのです。

社会における意思決定や行動、価値観の変化には、長い時間が必要とされます。さまざまな支援制度を強化して、実力主義との按

おわりに 光のリレー：いまをつかんで、明日につなげて！

配を考えながら、ポジティブアクションを進めていったとしても、理工系女性の比率が、瞬く間にポルトガルやマレーシアに追いつくようなことはないかもしれません。しかし、これまでの長い間、サポートと言えば、指導教官の個人的な配慮や、両親の非公式の子育て援助くらいしかなかったものが、いまでは、国の政策や組織の取り組みとして存在しています。21世紀に入り、少子・高齢化が急ピッチで進む中、社会においても多様性が求められるようになり、より多くの理工系人材（女性だけではなく外国人も含む）にチャンスが与えられるに従って、徐々に理工系女性のロールモデルも目に見えるようになってきました。

理工系のイメージにとってはプラスとはならないような出来事があっても、近年の科学技術ブームにはさほどの影響は出ていません。大学進学に際して、なにを学ぶかという専攻科目の選択は、いつの時代も経済状況や技術革新、社会の流行によって左右される傾向があります。それでも、近年の著しいIT化、知能ロボットの実用化、宇宙開発の産業化やスマホを用いたアニメゲームの爆発的人気も重なって、第4次産業革命（インダストリー4.0）とも言われる大きな社会変革の中で私たちは生活しています。そこで、専門性が高く、就職に有利な上、転職にも強いという理工系の特徴が以前に増して、広く認識されるようになり、高校生や保護者の間に浸透できたということは言えるのではないかと思います。出前授業やスーパーサイエンスハイスクールなどの高大連携の影

響もあるでしょう。実際、理工系の大学卒業生は就職率が高いという傾向も定着しています。

　もちろん、理工系キャリアは、高い就職率や給与といった実利的な特徴だけが売りなのではありません。基礎研究も含む理工系分野やでのノーベル賞の受賞や宇宙飛行士の活躍など子どもたちに夢のある科学の成果が近年とりわけ目立っているということも大事な点です。株式会社クラレの小学生を対象とする「将来就きたい職業」アンケート（2015年）では、男女ともに「研究者になりたい」という回答が増えて、男子では2位、女子では7位にランクインしました。実験の成果や発見、ものづくりが、目に見えて、人や社会の役に立ったり、長年の問題解決につながったりすれば、単なる仕事ではなく、生き甲斐にもなり得るでしょう。また、すぐには成果が出なくても地道に継続していく中でやがて花開くということにも夢やロマンがあると思います。そして、理工系関連分野では、チーム単位で行われるプロジェクトも多く、チーム内で自分のスキルを発揮したり、ともに成果を出して喜びを分かち合ったりといった、チームとしてできる仕事という特性に魅力を感じる人もかなりいるのではないでしょうか。

　各大学が特色を出そうと切磋琢磨する一方で、女性研究者研究活動支援では、大学間連携や産学官連携の動きが盛んになってきていることも、理工系キャリアを目指す女性にとっては追い風です。2014年には2つの国立女子大学（奈良・お茶の水）が共同

おわりに　光のリレー：いまをつかんで、明日につなげて！

で2014年度文部科学省「国立大学改革強化推進補助金」の対象事業に採択され、理工系女性リーダー育成の拠点「理系女性教育開発共同機構」を設立しました。2016年度には大学院レベルで「生活工学共同専攻」が設置されました。

政府も、文部科学省と経済産業省が共同事務局となって、2015年5月には「理工系人材育成に関する産学官円卓会議」を開催して「理工系人材育成戦略」の実現に向けた産学官の対話の場を作っています。従来あまり見られなかった省庁間での連携です。

また近年、理工系女性の活躍を促し、優れた業績を讃える目的で、賞や奨学金が創設されています（付録参照）。学会が創設した初めての賞としては、応用物理学会の女性研究者研究業績・人材育成賞があります。この賞は、応用物理分野の研究活動において顕著な研究業績をあげている女性研究者、または、女性研究者・技術者の人材育成に貢献し、科学技術の発展に寄与した研究者・技術者（性別を問わない）に授与されます。

奨学金では、2007年に株式会社資生堂が指導的研究者を目指す女性を支援する研究助成（資生堂・女性研究者サイエンスグラント）を創設しました。自然科学分野の幅広いテーマの女性研究者を対象として、毎年10人への助成を行っています。すでにその受賞者から、顕著な研究業績を収めて、猿橋賞などを受賞したり、所属機関で昇進したり、活躍が目立つ人も出ています。こうした奨学金制度の設立には、産業界も積極的で、2015年にはトヨタ

自動車株式会社を中心とするグループ10社が、中部地方で理工系大学に進学する女子学生を対象とする「トヨタ女性技術者育成基金」を設立しました。

　トヨタ女性技術者育成基金のWebサイトには、「女性活躍促進について官民挙げての取り組みが進みつつある中、製造業においても、女性ならではの視点・感性を活かした商品開発やデザインが新たな市場創出につながることが期待されるなど、その重要性は増しています。トヨタ自動車およびトヨタグループでも、今後の持続的成長に向けた『もっといいクルマづくり』に、女性エンジニアの活躍が期待されています」と記されています。リケジョ、工学女子……これまで最も少ないとされてきた製造業やエンジニアの分野にも女性を求める白羽の矢が立ち、国も産業界も、教育・研究界も後押しする体制になってきているのです。いまから約100年前の1913年、女性として初めて「大学」に入学を認められた3人の理工系女性や、戦時中にフランスに渡った先達は、いまの日本を想像できたでしょうか。

　日本が、国を挙げて実現しようとしている理工系女性の数を増やすという目標は、単なる数値目標ではなく、より豊かな日本社会を築くための1つの試みだと言うことができます。いまをつかんで、明日につなげて……女性だけではなく、男性も含めて、理工系人材の光のリレーが続いていくことを祈ってやみません。いまがチャンス！中高生はじめ若いみなさん、ぜひ理工系の扉を叩き、開い

おわりに　光のリレー：いまをつかんで、明日につなげて！

てみてください。

参考文献

1) 共同通信（2015）「研究者憧れる子ども増加中　男の子2位、女の子7位」, 2015年6月23日.
2) アネスタ：kawaii x science 駿台予備学校進学情報センター長が予測する理系分野の2015年度入試動向, 2014. http://kawaiixscience.com/stemcafe/1128
3) 東洋経済オンライン：必見！「大学就職率ランキング」トップ300 トップ97%から下位46%まで格差は歴然, 2015年3月9日.
4) 東洋経済オンライン：大学・学部別「難易度ランキング」トップ30「リケジョ」台頭, 文系は立教や青山などで難易度上昇, 2014年3月24日.
5) トヨタ女性技術者育成基金：http://www.toyota-rikeijosei.or.jp/about/index.html
6) 日刊工業新聞：工学博士の新卒年収, 人文・社会系の2倍－最多「400万-500万円」, 2015年7月8日.
7) 日本経済新聞：トヨタ「リケジョ奨学金」, 初回142人が応募, 2015年6月24日.
8) 日本経済新聞：理系人材育成へ産学官が円卓会議 文科省, 2015年5月22日.

付録　年表：日本・諸外国における女子高等教育・理工系女性をめぐる歴史

(医学系は基本的に含まないが、女子高等教育など社会制度に直接的影響があったと考えられる場合は例外とする)

表中の国名表記：アメリカ(米) アイルランド(愛) イギリス(英) イタリア(伊) エジプト(埃) オーストラリア(豪) オーストリア(墺) 韓国(韓) 中国(中) ドイツ(独) ノルウェー(諾) フランス(仏) ベルギー(白) ポーランド(波) ロシア(露)

年	日本	諸外国
紀元前27世紀?		(埃)メリト・プタハ、古代エジプトの最初の医師、科学史上、最初の女性と言われる。
1088年		(伊)ボローニャ大学設立。開校時から女性の入学が許可される。
18世紀		
1731年		(伊)ラウラ・バッシ(物理学)、マリア・ガエターナ・アニェージ(数学)がボローニャ大学の教授に就任。
1740年		(仏)エミリー・デュ・シャトレ『物理学教程』刊行。
1783年		(露)エカチェリーナ・ダーシュコワ、ロシアアカデミー総裁、科学アカデミー院長就任。
19世紀		
1800年頃		(仏)ソフィ・ジェルマン、男性の名前で数学の論文を発表。
1806年		(英)ジェーン・マーセット『化学談義』出版。
1811年		(英)メアリー・アニング、イクチオサウルスの骨格の化石を発見。
1828年		(独)カロリーネ・ヘルシェル、王立天文学会よりゴールドメダル受賞(理工系女性として世界で初めて、公的報酬を授与した女性とされる)
1830年		(英)女子学生が最初にロンドン大学(バークベックでの電気学)の講義を聴講。
1833年		(米)オハイオ州のオーバリン大学が共学として開校(学位を出したのは1837年から)。
1835年		(英)メアリー・サマヴィル、(独)カロリーネ・ヘルシェルが女性として初めて王立天文学会の会員になる。
1837年		(米)女子教員養成のためのマウント・ホリヨーク女学院(現：マウント・ホリヨーク・カレッジ)
1848年		(米)マリア・ミッチェル、「ミッチェル彗星」発見者。女性初アメリカ芸術科学アカデミー会員になる。
1853年		(英)ドロシア・ビールが、女性教員の養成機関チェルトナム・レディーズ・カレッジを開校。
1861年		(米)女子大学ヴァッサー大学開校(後に大山捨松が留学した大学)。
1869年		(英)「エディンバラ・セブン」(エディンバラ大学で医学を学んだ7人の女子学生に学位授与が拒否された事件)。ケンブリッジでは、女子大学ガートンカレッジ開校。(米)ノースウェスタン大学で女子学生を受け入れ。
1870年		(米)カリフォルニア大学バークレー校で女子学生を受け入れ。

年	日本	海外
1871年	岩倉使節団が欧米へ派遣。米国留学女学生はそのうち5人(永井しげ、上田てい、吉益りょう、津田梅子、山川捨松)。	(米)ミシガン大学で女子学生を受け入れ。
1872年	日本の近代的学校制度を定めた最初の教育法令として学制が頒布される。 日本初の女子中等教育機関として東京女学校が設置(しかし、財政難から1878年廃校)。	(米)ウェズリアン大学が女子学生を受け入れる。 (英)ケンブリッジ大学にニューナム・カレッジ開校。
1873年	文部省から招聘された(米)デイヴィッド・マレイが、女子教育および女性教員養成校の必要性を説く。	(英)判決により、女性への学位授与を拒否したエディンバラ大学の権利が支持され、女性が第一線で働くべきでないとの判断が下される。(女性の権利運動につながる契機に)
1874年	11月、日本最初の官立女子師範学校として、東京女子師範学校が設立。	(露)ソフィア・コワレフスカヤが独のゲッティンゲン大学で数学の博士号を取得。
1875年	栃木女学校設置。	(米)女子大学ウェズリー大学開校。 (英)ケンブリッジ大学ヒューズ・ホール開校。
1876年	札幌農学校(女学校)開校するも翌年廃校。	
1878年		(英)ロンドン大学ユニヴァーシティ・カレッジ(UCL)が女性の入学を許可。 オックスフォードにレディ・マーガレット・ホール開校。 (印)カルカッタ大学で女性の入学許可(当時の宗主国イギリスの多くの大学よりも早くに実施)。
1879年	教育令の公布により、1872年の学制は廃止。	(英)オックスフォードに女性高等教育機関としてサマーヴィル・カレッジが開校。 (米)女子大ラドクリフ大学開校。
1880年	第2次教育令。	(白)ブリュッセル大学で女性の大学入学が許可。
1881年		(英)ケンブリッジ女子教員養成カレッジが設置され、初代校長にエリザベス・フィリップス・ヒューズが就任。 (豪)シドニー大学、アデレード大学で女性を自然科学分野の学科にも受け入れ許可。
1882年		(白)リエージュ、ゲント大学で女性の大学入学が許可。 (愛)アイルランド王立大学で男性と同格の学士が女性にも認められる。
1885年	第3次教育令。 荻岡吟子が、近代日本初の公許女医に。 東京女子師範学校は、一時的に(男子)高等師範学校に統合、女子部に改組。また、同年、華族・華族子女のための官立の教育機関として、華族女学校が創立(現:学習院女子)。	(米)女子大学ブリンマー大学設置(津田梅子の留学先)。
1886年	学校令が公布される。中に、帝国大学令、師範学校令、小学校令、中学校令の勅令が含まれる。東京に唯一の大学として、帝国大学設置。東京師範学校(女子師範学科)が修業年限が4年となる。 鳩山春子ほかにより、共立女子職業学校創立。	(英)オックスフォードにセント・ヒューズ・カレッジが開校。 (米)ウェズリー大学で学んだウィニフレッド・エジャートン・メリルがコロンビア大学から博士号(数学)を取得。 (韓)アメリカ人宣教師メアリー・スクラントンがソウルで女性のためのクラスを開校(現:梨花女子大学校)
1887年	私立広島高等女学校が設立(広島女子高等師範学校の前身)。	
1889年	吉岡弥生が、済生学舎(現:日本医科大学)に入学。1892年に内務省医術開業試験に合格し、27人目の女医に。	(露)ソフィア・コワレフスカヤがストックホルム大学で教授(数学)に就任。 (英)スコットランド大学法制定、1892年より女子学部生が正式に入学。 (米)女子大バーナード大学開校。
1890年	東京師範学校から女子師範学科が独立し、女子高等師範学校(現・お茶の水女子大学)として開校。	(独)ハイデルベルク大学、フライブルク大学で正規生として女性を受け入れることを決定。
1891年		(米)スタンフォード大学で女子学生を受け入れ。

1893年		(英)マリア・ゴードン、ヘリオット・ワットカレッジで学んだ後、ロンドン大学から博士号(地質学)を取得。1900年にはミュンヘン大学からも博士号を取得する。また、オックスフォードにセント・ヒルダズ・カレッジが開校。
1899年	高等女学校令・私立学校令・実業学校令の公布。下田歌子により、実践女学校が設置。甲斐和里子により、仏教系の女学校として顕道女学院(現:京都女子大学)が創設。	
1900年	済生学舎が女性の入学を拒否したことを契機として、吉岡弥生が東京女医学校(現:東京女子医科大学)を設置。同年、津田梅子により、女子英学塾(現:津田塾大学)開設。後の帝国女子専門学校(現:相模女子大学)の前身、日本女学校も設置される。	(独・波)クララ・イマーヴァール(化学)でヴロツワフ大学から博士号取得。
20世紀		
1901年	成瀬仁蔵により日本女子大学校が設置。	
1902年		(英)ハータ・エアトン、電気学会の初の女性会員に。1906年には王立協会から、ヒューズ・メダルを受賞
1903年	専門学校令の公布。山脇女子実修学校設置。	(波)マリア・スクウォドフスカ=キュリー、ノーベル物理学賞受賞。1911年にはノーベル化学賞も受賞。
1904年	青山女学院英文専門科、専門学校として認可される(ものの1920年に閉鎖)。	(愛)ダブリン大学トリニティカレッジでも女性の大学入学が認められる。
1905年		(墺)リーゼ・マイトナー(核物理学・放射線研究)、物理学で博士号取得。1926年にベルリン大学で初の女性教授に就任。
1908年	奈良女子高等師範学校設置。東京の女子高等師範学校も東京女子高等師範学校と改名。	(独)プロイセンのすべての大学で女性を正規学生として受け入れることが省令に。
1909年	帝国女子専門学校(現:相模女子大学)および神戸女学院専門部(現:神戸女学院大学)設置	(独)アマーリエ・エミー・ネーター、ドイツ数学会への入会を許可。
1910年		(英)リリアン・ギブス(植物学者)、ハクスリーメダル受賞。
1911年	東北(帝国)大学で黒田チカ、丹下ウメ、牧田らくの3人名の入学が許可され、日本初の女子帝大生が誕生。	(波)マリア・スクウォドフスカ=キュリー、ノーベル化学賞も受賞。パリ大学初の女性教授に就任。
1912年	同志社女学校専門学部(現:同志社女子大学)設置。	(米)ヘンリエッタ・スワン・リービット(天文学)、小マゼラン雲内の32個のケフェイド変光星の周期に関する研究を発表。
1915年		(中)アメリカ系ミッションスクールとして金陵女子大学が開校(後に南京大学に合併)。
1916年	東洋大学で女子(栗山津禰(国文学))の入学が許可される。	(米)モード・スライ(病理学者)が癌の遺伝説をアメリカがん学会で発表。
1917年		(諾)テクラ・レスヴォール(植物学)でオスロ大学から博士号を取得。
1918年	大学令が公布され、帝国大学令に準拠しない官立・公立・私立大学の設置が可能に。新渡戸稲造を初代学長として東京女子大学校開学。	(仏)エコール・サントラル(工学・技術系エリート養成のための国立の高等教育機関で、グランゼコール(国立理工科学院連合)の一つ)に女性の入学が許可され、21年の卒業生は7人。
1919年	活水女子専門学校(現:活水女子大学)設置。	(独)アマーリエ・エミー・ネーター、ゲッティンゲン大学で私講師(Privatdozent、教授資格を持ちつつ教育活動を行う者)に就任。

年	日本	海外
1920年	日本大学(日本法律学校、1889年設置)が大学令により大学となる。同時に女子の入学を許可(法文学部)。	(英)オックスフォードで男子同様の学位が授与される権利が認められる。(ケンブリッジでは1948年まで待たねばならなかった。) (白)ルーヴァン大学で女性の大学入学が許可。 (中)北京大学で女性の入学許可。南京高等師範学校(1915年開設)に8人の女子が入学。
1921年	早稲田大学が女子12人を文学・商学・理工学部の聴講生として受け入れ(正式に入学が許可されたのは1939年)。	(独)イーダ・ノダック、ベルリン工科大学で博士号取得。25年にはレニウムの発見に関与。
1923年	同志社大学に女子専門学校から4人の学部生が入学(英文学)。公立初の女子専門学校として福岡県女子専門学校(現:福岡女子大学)開設。	
1924年	九州(帝国)大学に2人の女子学生(哲学と経済学)が入学。	
1925年	帝国女子医学専門学校(現:東邦大学)開校。	(仏)マリー=ルイーズ・パリが、女性のための工学専門学校(高等教育機関、Ecole Polytechnique Feminine)を設置。
1926年		(墺)リーゼ・マイトナー、ベルリン大学で初の女性教授に就任。 (米)キャサリン・プロジェクト、ケンブリッジ大学で初の女性博士(物理学)となる。
1927年	丹下ウメ、ジョンズ・ホプキンス大学から博士号(農学)を取得。また、保井コノが、東京(帝国)大学から博士を授与され、日本で女性初の理学博士となる。	
1928年	龍谷大学(文)、女子の入学を認める。	(中)呉貽芳がアメリカのミシガン大学から生物学の博士号を取得。
1930年	北海道(帝国)大学理学部に初の女子学生が誕生(植物学科)	
1931年	東京工業大学、女子高等師範学校卒(1人)を委託学生として受け入れる。 明治大学(法・商・政経)で同大学専門部女子卒の入学を認める(1932年に1人入学)。	(独)アグネス・ポッケルス、表面張力に関する論文がネイチャー誌に掲載。
1933年	東洋大学(文)で女性の入学許可。	
1934年	法政大学(文・哲)で女性の入学が認められる。入学者のうち外国人女子の割合が高かった。	(米)グレース・ホッパー、イェール大学で初の女性数学博士に。
1935年		(仏)イレーヌ・ジョリオ=キュリー(原子物理学)、夫とともにノーベル物理学賞受賞。
1938年	関西学院(法文・商経)で女性の入学許可。	
1939年	湯浅年子、フランスのコレジ・ド・フランス原子核化学研究所の研究員に就任。	(仏)マルグリット・ペレー(物理学)、フランシウムを発見。
1942年	名古屋(帝国)大学、女子の入学を認める(最初の女子が1944年理学部に入学)。	(独)シャルロッテ・アウァーバッハ(遺伝学)、化学物質によって突然変異が誘発されることを発見
1945年		(英)ロザリンド・フランクリン(物理化学)、ケンブリッジ大学で博士号取得。キャスリーン・ロンズデール(結晶学者)とマージョリー・ステフェンソン(化学微生物学)が、女性として初めて王立協会の会員に選出。
1946年	東京・京都(帝国)大学においても女子の入学が認められる。女子の官立高校への受験が認められる。	
1947年		(英)ドロシー・ホジキン(生化学)、初の女性王立教会会員に選出。 (チェコ)ゲルティー・コリが夫とともにノーベル生理学・医学賞を受賞。

年		
1949年	湯浅年子、再渡仏。コレージュ・ド・フランス原子核化学研究所でCNRS(国立中央科学研究所)研究員に。	
1958年	湯川秀樹、平塚らいてうの声かけで日本女性科学者の会が設置。	
1960年	中村マサ、日本で初の女性(厚生)大臣に。	
1964年		(英)ドロシー・ホジキン、ノーベル化学賞を受賞。
1965年		(独・米)マリア・ゲッパート=メイヤー、ノーベル物理学賞受賞。
1967年		(英)ジョスリン・ベル・バーネル、パルサーを共同で発見。(ノーベル賞受賞とならなかったことが議論に)
1969年		(米)イェール、プリンストン両大学で女子学生を受け入れ。
1970年	中根千枝(東京大学・文化人類学)、柳島静江(京都大学・動物学)が女性で初めて国立大学の教授に就任。	
1971年		(米)ブラウン大学に女子学生が入学。 (米)実験生物学会総会で、女性科学者の会(Association for Women in Science)設立。
1972年		(英)マーガレット・バービッジ、女性として初めてグリニッジ天文台長に就任。1983年には米国科学振興協会の会長に任命。 (米)ダートマス大学に女子学生入学。
1975年		(中・米)呉健雄、アメリカ物理学会で最初の女性の会長に就任。 (米)ペンシルベニア大学に女子学生が入学。
1977年		(米)ロサリン・ヤロー(医学)、ノーベル生理学・医学賞を受賞。 (米)ハーバード大学に女子学生が入学。
1978年		(米)アンナ・ジェーン・ハリソン、アメリカ化学会の初の女性会長に就任。
1979年		国際連合第34回総会で女子差別撤廃条約採択。
1980年	「女性科学者に明るい未来をの会」を設立、猿橋賞を創設。	(米)科学技術機会均等法制定。女性研究者支援策の端緒。
1981年	猿橋勝子(地球科学)、女性で初めて、学術会議会員に選出。	
1983年		(米)バーバラ・マクリントック(植物学)、ノーベル生理学・医学賞を受賞。ジュリア・ロビンソン、女性として初のアメリカ数学会会長に就任。コロンビア大学に女子が入学可能に。
1984年		(英)英国技術評議会の働きかけでWISE (Women into Science and Engineering)結成。
1986年	「男女雇用機会均等法」施行。	(伊)リータ・レーヴィ=モンタルチーニ(神経学)、ノーベル生理学・医学賞を受賞。 (ノルウェー)グロ・ハーレム・ブルントラントが首相(2度目)になり、40%の閣僚が女性に。
1988年		(米)ガートルード・エリオン(生化学)、ノーベル生理学・医学賞を受賞。
1992年		(米)イーディス・フラニゲンが、応用化学としてアメリカ最高の名誉といわれるパーキンメダルを受賞(女性初)。

年		
1994年	日本学術会議の中に「女性科学研究者の環境改善に関する懇談会(JAICOWS)」が発足。 総理府「男女共同参画審議会」「男女共同参画室」設置。	
1995年	「科学技術基本計画」公布・施行。	(独)クリスティアーネ・ニュスライン=フォルハルト(生物)、ノーベル生理学・医学賞を受賞。
1996年	米沢冨美子、女性として初めて日本物理学界会長に就任。	(韓)梨花女子大学で、女子大として世界初の工学部を設置。
1997年	学術会議「女性科学者の環境改善の特別推進委員会」設置。	
1998年		ロレアルーユネスコ女性科学賞創設。 ブリュッセルにて、国際会議「女性と科学」開催。
1999年	「第11回国際女性技術者・科学者会議」開催。 「男女共同参画社会基本法」施行。	(EU)「科学と女性」について議論するため、15か国EU加盟国代表がヘルシンキで会合(ヘルシンキグループ結成)。
2000年	国立大学協会「国立大学における男女共同参画を推進するために」公表。 学術会議「女性研究者の環境改善に関する要望書」提出。 岡崎恒子(分子生物)、ロレアル・ヘレナ・ルビンスタイン賞(現:ロレアルーユネスコ女性科学賞)を受賞。	ブリュッセルにて、国際会議「女性と化学:変化を起こして」開催。 (EU)研究総局に「女性と科学」ユニット設置。ジェンダー平等を科学政策に主流化することを求める報告書をEU委員会に提出。 (仏)(政治における男女参画を促すための)パリテ法制定。
21世紀		
2001年	「第2期科学技術基本計画」閣議決定。 応用物理学会に日本の学会として初めての男女共同参画委員会を設置。 小川智子、日本分子生物学会理事長に女性として初めて就任。	(韓)「科学技術基本法」の中で女性科学技術者の養成・活用に言及。 (米)国立科学財団(NSF)が、ADVANCEプログラムを開始。 第1回「女性物理学者の国際会議」(パリ、国際純粋応用物理学連合主催(IUPAP))開催(日本から物理学会・応用物理学会が参加、現状報告)。
2002年	応用物理学会、日本化学会、日本物理学会を中心とする12の理工系学会が男女共同参画学協会連絡会を立ち上げ、文部科学省の委託で大規模アンケート(第1回実施)。	(韓)「女性科学技術者育成支援法」制定。 国際女性技術者・科学者ネットワーク(INWES)発足。 (EU/東欧)中東欧からの新加盟国代表を中心に専門家グループ(Enwise)結成。2004年にレポート提出。
2003年	内閣府「チャレンジ支援策」決定。 国立女性教育会館「女性研究者支援のための懇談会」開催。 男女共同参画学協会連絡会、第1回アンケート結果をもとに提言。	(EU)科学分野における性別統計データブック、She Figures発刊(その後、3年ごとに刊行)。『産業界で活躍する女性』発刊(翌年『科学技術とジェンダー』として邦訳化)。 (ノルウェー)世界に先駆けて、国営企業の取締役の40%を女性に、というクオータ制を義務付け(2005年には民間の上場企業も対象に、2008年からは制裁も)。
2004年		(米)リンダ・バック(生物)、ノーベル生理学・医学賞を受賞。 (米)マサチューセッツ工科大学(MIT)に女性学長(医学)就任。 (英)貿易産業省所管UK Resource Centre for Women in SET(理工系女性のための資料センター)を設置。

年		
2005年	米沢富美子、ロレアル-ユネスコ女性科学賞受賞。2006年には、日本版ロレアル-ユネスコ女性科学賞が設立。 男女共同参画白書の中で「科学技術の進展と男女共同参画」掲載。 国立女性教育会館「女子中高生夏の学校」スタート。 内閣府、女子学生向けにWebサイト「理工系(リコチャレ)」開設。	
2006年	「第3期科学技術基本計画」閣議決定。女性研究者の採用に関する数値目標を初めて掲げる。 文部科学省技術振興調整費「女性研究者支援モデル」がスタート(初年度10大学選定)。 日本学術振興会「特別研究員-RPD制度」創設。 文部科学省「大学・公的研究機関などにおけるポストドクター等の雇用状況調査」公表。 JST「女子中高生の理系進路選択支援プログラム」スタート。男女共同参画主監及び男女共同参画アドバイザリーコミッティー設置。 第1回東アジア男女共同参画担当大臣会合開催(東京) 坂東昌子、日本物理学会会長に就任(女性として2人目)。	(米)フランシス・アレン(コンピュータ科学)チューリング賞を女性で初受賞。
2007年	資生堂「女性研究者サイエンスグラント」設立。 学術会議によって全国の大学を対象に「男女共同参画に関するアンケート調査」実施。	(米)ハーバード大学に女性学長(歴史学)就任。
2008年	学術会議「学術分野における男女共同参画推進のために」提言。	(仏)フランソワーズ・バレ=シヌシ(生物)、ノーベル生理学・医学賞を受賞。 (米)バーバラ・リスコフ(電気工学)、チューリング賞受賞。 日中韓女性科学技術指導者フォーラム結成。
2009年	「女性研究者養成システム改革加速」事業スタート(2010年度採用までで打ち切り)。 「10私立大学男女共同参画推進のための共同宣言」発表。	(英)毎年10月第2火曜日を女性科学者の日(エイダ・ラブレース・デー)とする。
2010年	応用物理学会に女性研究者研究業績・人材育成賞創設。 「第3次男女共同参画基本計画」閣議決定。	(米)アメリカ女性大学人協会(American Association of University Women)が報告書(Why so few: Women in Science, Technology, Engineering and Mathematics)発表。
2011年	国立大学協会、男女共同参画推進の「アクションプラン」公表。 「第4期科学技術基本計画」閣議決定。第3期の数値目標(全体として25%、そのうち理学系20%、工学系15%、農学系30%)の早期達成及び医学系での30%達成を目指すことを明記。	
2012年		
2013年	文部科学省「女性研究者研究活動支援事業」拠点型スタート。 大隅典子、日本分子生物学会理事長に(女性として2人目)就任。 「日本再興戦略-JAPAN is BACK」(平成25年6月14日閣議決定)	

2014年	「科学技術イノベーション総合戦略」閣議決定。 文部科学省「女性研究者研究活動支援事業」連携型スタート。 トヨタ女性技術者育成基金設立。 経団連「女性活躍アクションプラン」公表。 「日本再興戦略改訂2014」に「女性が輝く社会の実現」が盛り込まれる。 内閣官房「すべての女性が輝く社会づくり本部」設置。 藤田玲子、日本原子力学会会長に女性として初めて就任。	(イラン)マリアム・ミルザハニ、フィールズ賞を女性で初受賞。 (諾)マイブリット・モーセルがノーベル生理学・医学賞受賞。 UN Women(ジェンダー平等と女性のエンパワーメントのための国連機関)がHeForShe(女性の地位向上に向けて男性の理解と協力を促す)キャンペーンを開始。
2015年	文部科学省「理工系人材育成戦略」公表。「ダイバーシティ研究環境実現イニシアティブ」開始。 「第3次男女共同参画基本計画」決定。 小谷元子、日本数学会会長に女性として初めて就任。 内閣府「はばたく女性人材バンク」専用サイト開設。 名古屋大学(松尾清一学長)、UN Womenが男女平等に取り組む世界の10大学・学長の1つ・1人に選定。	(中)屠ユウユウが、中国本土で教育をうけた人物として初めてノーベル生理学・医学賞を受賞。 ユネスコ、スウェーデンの国際開発協力機構と共同で「女性科学者」の国際データベース構築のプロジェクトを開始。
2016年	「第5期科学技術基本計画(2016〜2020年度)」閣議決定。 「女性の職業生活における活躍の推進に関する法律」施行。女性活躍推進法に基づく企業認定マーク「えるぼし」導入。 「すべての女性が輝く社会づくり本部」で「女性活躍加速のための重点方針2016」決定。 経済産業省「理系女性活躍促進支援事業」開始。	(米)NASA(アメリカ航空宇宙局)の火星調査プロジェクトで初めて新宇宙飛行士8人のうち、半数の4人が女性に。

国立女性教育会館（2015 年）『大学における男女共同参画の推進』、168 － 169 頁他を基に筆者作成

付録　女性のみを対象とするおもな賞および研究助成

(学会・企業・財団を中心とした理工系への支援。特定大学の奨学金は多数あり、ここでは除外する)

	名称	主催団体	助成金額等
学会	猿橋賞	女性科学者に明るい未来をの会	本賞は賞状、副賞として賞金(30万円)
	日本女性科学者の会奨励賞	日本女性科学者の会	賞状と奨励金各20万円
	日本女性科学者の会功労賞	日本女性科学者の会	賞状と記念品
	女性研究者奨励賞	日本循環器学会学術集会	賞状および副賞(50万円)
	女性研究者研究業績・人材育成賞(小舘香椎子賞)	応用物理学会	賞状、記念品
	入澤彩記念女性生理学者奨励賞(入澤彩賞)	日本生理学会	賞状および副賞(100万円)
	女性化学者奨励賞	日本化学会	表彰楯
	女性研究者奨励OM賞	日本動物学会	50万円
企業	ロレアル・ユネスコ女性科学者日本奨励賞	日本ロレアル株式会社	100万円
	資生堂　女性研究者サイエンスグラント	資生堂　女性研究者サイエンスグラント事務局	100万円/人×計10人
	「未来を強くする子育てプロジェクト」スミセイ女性研究者奨励賞	住友生命保険相互社	上限100万円/年×2年間
	トヨタ女性技術者育成基金	トヨタ自動車・トヨタグループほか	大学の理工系学部に在籍する1年次の女子学生に対して、在学期間中の就学等に必要な資金の借入について、条件に応じて元金や利息等の給付
財団ほか	守田科学研究奨励賞	大学女性協会	賞状および副賞50万円
	女性研究者研究助成金	内藤記念科学振興財団	年200万円×3年間
	JWEF女性技術者に贈る奨励賞	日本女性技術者フォーラム	表彰盾および副賞(10万円)
	Banyu Foundation Research Grant 2014 －女性研究者支援－	MSD生命科学財団	200万円(100万円×2年間)

きらめくチャンスをつかまえて！
理工系は女性の可能性を広げる
―理工系女性のこれまでの歩みと将来に向けて―

2017年3月16日　初版発行

著　者　小舘 香椎子、小舘 尚文

発　行…株式会社アドスリー
〒164-0003 東京都中野区東中野 4-27-37
　　TEL：03-5925-2840
　　FAX：03-5925-2913
　　E-mail：principal@adthree.com
　　URL：http://www.adthree.com

発　売…丸善出版株式会社
〒101-0051 東京都千代田区神田神保町 2-17
神田神保町ビル 6F
　　TEL：03-3512-3256
　　FAX：03-3512-3270
　　URL：http://pub.maruzen.co.jp

印刷製本　日経印刷株式会社

ⒸAdthree Publishing Co., Ltd.
2017, Printed in Japan
ISBN978-4-904419-66-3　C1037

定価はカバーに表示してあります。
乱丁、落丁は送料当社負担にてお取り替えいたします。
お手数ですが、株式会社アドスリーまで現物をお送りください。